ARTES Y HUMANIDADES · 10

cuadernos para la docencia

La recepción de la épica grecolatina en las literaturas hispánica, inglesa y francesa

Jesús Alexis Moreno García

ULPGC
Universidad de
**Las Palmas de
Gran Canaria** | Servicio de
**Publicaciones y
Difusión Científica**

2024

COLECCIÓN: CUADERNOS PARA LA DOCENCIA
RAMA DE CONOCIMIENTO: ARTES Y HUMANIDADES · 10
LA RECEPCIÓN DE LA ÉPICA GRECOLATINA EN LAS LITERATURAS HISPÁNICA,
INGLESA Y FRANCESA

MORENO GARCÍA, Jesús Alexis
    La recepción de la épica grecolatina en las literaturas hispánica, inglesa y francesa / Jesús Alexis Moreno García. -- Las Palmas de Gran Canaria : Universidad de Las Palmas de Gran Canaria, Servicio de Publicaciones y Difusión Científica, 2024
    72 p.; 24 cm. -- (Cuadernos para la docencia. Artes y Humanidades; 10)
    ISBN 978-84-9042-547-3
    1. Poesía épica griega - Historia y crítica 2. Poesía épica latina - Historia y crítica 3. Literatura española - Influencia griega 4. Literatura española - Influencia latina 5. Literatura inglesa - Influencia griega 6. Literatura inglesa - Influencia latina 7. Literatura francesa - Influencia griega 8. Literatura francesa - Influencia latina I. Universidad de Las Palmas de Gran Canaria, ed. II. Título III. Serie
    821-13.09
Thema: DBSG, FMB, DSBB, DSM, DSB, 2AHA, 2ADL, 2ADS, 2ADF, 2ACB

La publicación de esta obra ha sido aprobada, tras recibir dictamen favorable
en un proceso de evaluación interno, por el Consejo Editorial del
Servicio de Publicaciones y Difusión Científica de la ULPGC

© del texto:
Jesús Alexis Moreno García

© de la edición:
Universidad de Las Palmas de Gran Canaria
Servicio de Publicaciones y Difusión Científica
https://spdc.ulpgc.es/
serpubli@ulpgc.es

Primera edición. Las Palmas de Gran Canaria, 2024

ISBN: 978-84-9042-547-3
ISBN (edición electrónica): 978-84-9042-548-0
Depósito Legal: GC 632-2024

Impresión:
Gráficas Atlanta, S.L.

Impreso en España. *Printed in Spain*

ÍNDICE

INTRODUCCIÓN

En nuestra universidad los planes de estudio ofrecen tres asignaturas asignadas a las áreas de griego y de latín en las que se estudia la literatura clásica: dos en el Grado en Filología Hispánica (GFH) —*Fuentes clásicas de la literatura española* y *La herencia del teatro griego en las literaturas hispánicas*— y una en el Grado en Lenguas Modernas (GLM) —*Tradición literaria clásica y cultura popular*.

Puesto que la creación *ex nihilo* es imposible, las literaturas occidentales y, por tanto, la literatura hispánica y la inglesa, se asientan sobre tres pilares: el mundo clásico, el cristianismo y las aportaciones propias de cada cultura.

Las áreas de latín y griego en *Fuentes clásicas de la literatura española*, optativa del GFH, y *Tradición literaria clásica y cultura popular*, asignatura obligatoria del GLM, abordan el estudio de los géneros literarios clásicos y su influencia en las literaturas en lenguas vernáculas respectivas, mientras que *La herencia del teatro griego*, optativa del GFH, se centra solo en el género dramático.

Debido al variado perfil de los alumnos, que tienen poco o nulo conocimiento de la literatura clásica —para la mayoría este es su primer contacto—, y al escaso tiempo del que se dispone es necesario ofrecer solamente contenidos reducidos. El principal objetivo es que entren en contacto directo con los textos, pues estamos convencidos de que la literatura no puede consistir en un catálogo de obras y biografías de autores, sino que debe estimular el encuentro entre el alumno y la obra.

Ya el concepto de género es herencia del mundo clásico. El primer género que se desarrolla en la antigüedad griega es la épica y, como el resto de los géneros, fue adoptada por Roma. Por ello, comenzamos estudiando la presencia de la épica clásica en las literaturas europeas, en concreto en la literatura hispánica en la asignatura de *Fuentes clásicas de la literatura española* y, especialmente, en la literatura inglesa y, en menor medida, en la francesa —en tanto que lenguas europeas *maior* y *minor* respectivamente del GLM—, en la asignatura de *Tradición literaria clásica y cultura popular*.

Con este cuaderno pretendemos que el alumnado conozca a los principales autores épicos griegos y latinos y sus obras, que aprenda e identifique los temas, escenas y características principales de la literatura épica clásica, así como su pervivencia y reutilización en la literatura moderna; e, igualmente, que adquiera la terminología técnica necesaria para el análisis literario y obtenga las herramientas indispensables para reconocer la pervivencia de la épica en otras manifestaciones culturales.

Para conseguir esta meta seguimos los siguientes pasos:

a) Realizamos un primer acercamiento a los textos fundamentales, la obra de Homero y de Virgilio. Homero se estudia como representante de la épica compilada a partir de la tradición oral, frente a Virgilio, que representa la épica escrita por un solo autor. Pero también se trabajará con los textos de otros autores como Hesíodo y Ovidio para estudiar la épica de temática mitológica; Lucano como representante de la épica histórica; y, para la épica cómico-paródica, se empleará la *Batracomiomaquia*. Añadimos, además, el epilio, una épica menor o en miniatura.

b) Comprobamos que el procedimiento usado por estos autores lo encontramos en las literaturas vernáculas. No se trata de hacer literatura comparada, sino de reconocer la utilización de determinados elementos, motivos, escenas... Por ello, nos centraremos en los motivos y escenas típicas: primero veremos en qué consisten y, seguidamente, trabajaremos ejemplos a partir de los textos clásicos; finalmente, el estudiante tendrá que reconocerlos en los textos literarios españoles, ingleses y franceses.

El método empleado es fundamentalmente práctico, ya que buscamos un contacto directo con los textos y no la memorización de un catálogo de obras y autores. Esta metodología hace más atractivo el trabajo, vincula la épica clásica con los textos modernos y permite ver, desde otra perspectiva, las literaturas en lengua vernácula. Por este motivo, en este cuaderno aparecen textos hispánicos, ingleses y franceses, para que se constate que la influencia clásica se extiende a todas las literaturas occidentales.

CAPÍTULO 1
CONTENIDOS TEÓRICOS

Aunque el enfoque de este cuaderno es eminentemente práctico, conviene hacer una breve introducción teórica sobre la importancia del género en el mundo clásico: su tipología, sus características y cómo todo esto varía a lo largo de la historia.

1. Tipología del género épico

En Grecia y Roma se tipifica la épica de acuerdo con su temática y tratamiento: épica heroica, épica histórica, épica burlesca y épica menor o epilio. A ello añadimos los conceptos de épica oral frente a épica escrita. A partir del Renacimiento, la tipología de la épica es otra. Hay, según Highet (1978), épica caballeresca, épica de imitación directa de la épica clásica, épica sobre aventuras heroicas contemporáneas, épica de hazañas caballerescas medievales y epopeyas religiosas cristianas. A esto hay que sumar las ya mencionadas épicas burlesca y la épica menor.

2. Características del género épico

- **Características generales de la épica:** carácter narrativo, narrador omnisciente; el tema, de forma habitual, trata sobre el pasado mítico de una sociedad; podemos encontrar poesía oral y poesía escrita, si bien su origen se encuentra en la poesía oral anónima que se recitaba acompañada de música, y es, posteriormente, cuando evoluciona hacia una poesía escrita de autor.
- **Características estructurales y de contenido:** como características propias de la estructura épica cabe señalar la presencia de esquemas narrativos tradicionales (escenas típicas), como son la invocación inicial a la musa, el esbozo temático, la presencia de sueños y presagios, los catálogos, la *aristía*, el duelo singular, la intervención de los dioses, la aparición de discursos de diverso tipo, la descripción detallada de muertes o heridas truculentas y la *teichoscopia*. Es común

en los textos épicos el comienzo *in medias res*; así como los excursos mitológicos y etnográficos.

- **Características formales:** métrica uniforme, división en cantos, carácter formular, que facilita, al igual que sucede con la métrica, tanto la composición como la ejecución; y empleo del lenguaje elevado, que se manifiesta en la utilización de un léxico culto y alejado de la vida cotidiana y con abundantes figuras literarias, entre las que podemos destacar el uso del símil.

3. Influencia y pervivencia de la literatura clásica en la literatura en lenguas modernas

- **Épica vernácula sobre molde antiguo:** de temática variada, siguiendo la clasificación de Highet, pueden ser (a) epopeya de imitación directa de la clásica (*Roman de Eneas*); (b) epopeya sobre aventuras heroicas contemporáneas (*La Araucana*, de A. de Ercilla); (c) epopeya de hazañas caballerescas medievales (*La reina de las hadas*, de E. Spenser); y (d) epopeya religiosa cristiana (*El paraíso perdido*, de J. Milton). Se incluye también en este grupo una épica menor, similar al epilio clásico, y entre cuyos ejemplos podríamos considerar *La violación de Lucrecia*, de W. Shakespeare y *El rapto del rizo*, de A. Pope.

- **Épica vernácula en el mundo contemporáneo:** aunque muy escasos, existen intentos de crear una obra épica en el mundo contemporáneo. Podríamos citar como ejemplos *The Cantos* (1925), de E. Pound, en la literatura estadounidense y *Hespérida. Canto universal de las Islas Canarias* (2005), de J. J. Padrón, en la canaria.

- **Épica que pervive en otros géneros:** la épica es un género que ha perdido fuerza con el tiempo y se ha transformado, de manera que podemos encontrar temática o personajes épicos en otros géneros como la lírica, el drama o la novela. Ejemplos de ello son *La Odisea*, de D. Walcott, y *La guerra de Troya no tendrá lugar*, de J. Giraudoux, en la que se observa la presencia de elementos épicos clásicos en el género dramático; *La hija de Homero*, de R. Graves, *Lavinia*, de U. K. Le Guin o *Penélope y las doce criadas*, de M. Atwood, ilustran la utilización de personajes y temas épicos en la novela; mientras que el *Ulises*, de J. Joyce, es un caso de deconstrucción del género.

Capítulo 2

Contenidos prácticos

En cada una de las prácticas se hará una exposición previa de las características generales, estructurales y de contenido, así como de las características formales de los textos con los que se va a trabajar y en los que se plasman los contenidos teóricos. Estos textos seguirán, normalmente, un mismo patrón: texto griego-texto latino-texto en lengua vernácula. Para los textos en lengua vernácula se hará, igualmente, una breve introducción de los distintos autores y obras utilizando, en la medida de lo posible, la información que está al alcance de los alumnos a través de diversas webs y el visionado de vídeos.

1. Práctica 0

El estudiante debe realizar una sinopsis de dos páginas, como máximo, del contenido de la *Iliada,* la *Odisea* y la *Eneida.* Para ello ha de investigar, de manera autónoma, a través de las redes y visionar algunos vídeos.

2. Práctica 1: Esbozo temático e invocación a la musa

La obra épica se inicia siempre con una escena típica: la invocación a la musa, inspiradora de la obra, y el esbozo temático, en el que se ofrece un resumen de esta. Esto puede comprobarse examinando los textos de Homero y de

Virgilio. Como recurso formal también encontramos el comienzo *in medias res*, en lugar de seguir el orden cronológico.

TEXTOS CLÁSICOS

Empezamos con la *Iliada*. El poeta comienza invocando a la musa, "Oh diosa", y pidiéndole que ponga en sus labios las palabras del relato, "la ira de Aquiles...". En la *Odisea*, de la misma manera, se invoca a la musa, "Musa, dime", y se presenta el tema: el periplo de Odiseo hasta llegar a su patria. En este texto podemos comprobar que el relato se inicia en medio de hechos sucedidos con anterioridad (*in medias res*).

TEXTO 1

Il., 1.1. Canta, oh diosa, la ira de Aquiles el de Peleo
que, perniciosa, trajo a los griegos miles de males
y numerosas almas al Orco llevó, valerosas, de héroes
y los hizo presa de perros y aves de todas clases.
De Júpiter era el deseo, desde que se enfrentaron
tras fuerte disputa Agamenón, rey de hombres, y el divino Aquiles.
¿Cuál de los dioses los enzarzó en esta disputa? El de Latona y Júpiter hijo[1],
que al rey castigando, peste maligna trajo a la tropa y los hombres morían,
pues a Crises, su sacerdote, ultrajó el Atrida[2].

Invocación: Canta, oh diosa

Esbozo: la ira de Aquiles el de Peleo que, perniciosa, trajo a los griegos miles de males

A partir del modelo anterior (TEXTO 1):

1. Señale a qué tipo de épica pertenecen los fragmentos siguientes.

2. Reconozca el uso de los recursos comentados.

3. ¿Qué llama la atención en cuanto a los personajes?

4. ¿A qué acontecimiento hace referencia el segundo verso del TEXTO 2?

---

[1] Apolo.
[2] Agamenón, hijo de Atreo.

TEXTO 2

Od., 1.1. Musa, dime del varón de muchos recursos que, en su largo extravío,
tras haber arrasado el alcázar sagrado de Troya,
conoció las ciudades y el genio de innúmeras gentes.
Muchos males pasó por las rutas marinas luchando
por sí mismo y su vida y la vuelta al hogar de sus hombres.

En la *Eneida*, frente al "canta" y "dime" aparece la persona del poeta como creador de la obra, no como mero transmisor y, a la vez, podemos ver la fusión de las obras anteriores en el deambular de Eneas y la guerra. En este texto no hallamos en el inicio la invocación a la musa y así se puede reconocer este recurso en posición no inicial. Se han añadido unos versos iniciales, falsamente atribuidos a Virgilio, en los que se recoge el abandono de la poesía bucólica para emprender el camino de la épica, y que tienen un reflejo en *La reina de las hadas*, como se podrá comprobar.

TEXTO 3

Aen., 1.1-7. <*Yo soy aquel que modulé otro tiempo canciones pastoriles
al son de mi delgado caramillo. Después dejé los bosques
y forcé a las campiñas colindantes a plegarse
al codicioso afán de los labriegos. Mi obra fue de su agrado*>
Ahora canto las armas horrendas del dios Marte
y al héroe que forzado al destierro por el hado
fue el primero que desde la ribera de Troya arribó a Italia
y a las playas lavinias. Batido en tierras y mar arrostró muchos riesgos
por obra de los dioses, por la saña rencorosa del inflexible Juno.
Mucho sufrió en las guerras antes de que fundase la ciudad
y asentase en el Lacio sus penates, de donde viene la nación latina
y la nobleza de Alba y los baluartes de la excelsa Roma.

1. Reconozca los recursos épicos en el TEXTO 3.

2. ¿A qué tipo de creación literaria se dedicaba anteriormente el poeta?

3. ¿Qué relación encuentra entre el dios Marte y el género épico?

TEXTOS EN LENGUA VERNÁCULA

Partiendo de los tres textos anteriores, se deben reconocer rasgos similares en *La reina de las hadas*, de Spenser, poeta que anteriormente se había dedicado a la poesía pastoril. Observe el uso de la primera persona ("He aquí yo el hombre") y a quién pide ayuda para abordar la nueva tarea, cuya temática recoge el último verso: "Fieras guerras y fieles amores".

TEXTO 4

The Faerie Queen, E. Spenser

Lo I the man, whose Muse whilome did maske, /As time her taught, in lowly Shepheards weeds, /Am now enforst a far unfitter taske, /For trumpets sterne to chaunge mine Oaten reeds, /And sing of Knights and Ladies gentle deeds; /Whose prayses having slept in silence long, /Me, all too meane, the sacred Muse areeds /To blazon broade emongst her learned throng: /Fierce warres and faithfull loves shall moralize my song (I, 1, 1)

He aquí yo el hombre, cuya Musa anteriormente disfrazó /Como el tiempo le enseñó, en humildes ropas de Pastores, /Me veo ahora forzado a una tarea de lo más inadecuada[3], /Por graves trompetas cambiar mis flautas de Avena[4], /Y cantar de Caballeros y Damas las más nobles acciones; /Cuyas alabanzas habiendo dormido en tan largo silencio, /A mí, por entero tan inhábil, sagrada Musa ayuda /A proclamar tu sabio trono a los cuatro vientos: /Fieras guerras y fieles amores moralizarán[5] mi canción.

Responda a las siguientes preguntas justificándolo con el texto:

1. Indique a qué tipo de épica pertenece este fragmento.

2. Señale la invocación a la musa y el esbozo temático.

3. ¿Qué tipo de poesía cultivó Spencer antes de la épica?

4. ¿Qué va a cantar el autor? ¿Encuentra algún paralelo con los textos anteriores? ¿Qué diferencias encuentra?

5. ¿A qué "trompetas" se refiere el autor con "Por graves trompetas cambiar mis flautas"?

6. ¿Se toca la flauta antes de iniciar un combate o entre cantos de pastores? Sustituya "graves trompetas" por un sustantivo que recoja su sentido.

7. Especifique dónde aparece el tópico de la modestia.

---

[3] Es habitual el tópico de la modestia. El poeta se está refiriendo a una actividad complicada y difícil que supera su fuerza.
[4] El instrumento propio de los pastores.
[5] Spencer introduce un elemento nuevo: la moral en medio de la épica.

TEXTO 5

En Milton puede verse que el esbozo temático puede preceder a la invocación a la musa, que, además, es "Musa celestial". Ella canta *in persona poetae*, ella es la que canta y no el poeta, ya que es Dios mismo el que ha inspirado una obra tan grande.

Paradise Lost, J. Milton

Of Man's First Disobedience, and the Fruit/ Of that Forbidden Tree, whose mortal tast /Brought Death into the World, and all our woe, /With loss of *Eden*, till one greater /Man Restore us, and regain the blissful Seat, /Sing Heav'nly Muse, that on the secret top /Of *Oreb*, or of *Sinai*, didst inspire /That Shepherd, who first taught the chosen Seed, /In the Beginning how the Heav'ns and Earth /Rose out of *Chaos*: Or if *Sion* Hill /Delight thee more, and *Siloa's* Brook that flow'd /Fast by the Oracle of God; I thence /Invoke thy aid to my adventrous Song, /That with no middle flight intends to soar /Above th' *Aonian* Mount, while it pursues /Things unattempted yet in Prose or Rhime (1.1-16)

Canta Musa celestial la primera desobediencia del hombre y el fruto de aquel árbol prohibido, cuyo gusto mortal trajo al mundo la muerte y todas nuestras desgracias, con la pérdida del Edén, hasta que un Hombre más grande nos rehabilitó y reconquistó para nosotros la mansión bienaventurada. Desde la cumbre solitaria de Horeb o del Sinaí, donde inspiraste al pastor, que fue el primero en enseñar a la raza escogida cómo salieron el cielo y la tierra del Caos, o desde la colina de Sión y las fuentes de Siloé si te placen más, invoco tu ayuda para mi atrevido canto; porque no pretendo remontarme con tímido vuelo sobre los montes de Aonia al intentar referir cosas que nadie ha narrado hasta ahora, ni en prosa ni en verso[6].

Responda a las siguientes preguntas justificándolo con el texto:

1. Indique a qué tipo de épica pertenece este fragmento.
2. Señale la invocación a la musa y el esbozo temático.

TEXTO 6

En *El rizo robado*, de Pope, la inspiradora del poeta, su musa, es su amada. Utilizamos la traducción del canario Graciliano Afonso no solo por su calidad,

---

[6] En lugar del tópico de la modestia encontramos "nunca antes", con lo que la obra toma mayor importancia.

sino para constatar que Canarias ha estado siempre culturalmente alineada con las corrientes culturales europeas y que la literatura de estos países dejó desde siempre su huella en nuestra cultura.

The Rape of the Lock, A. Pope

WHAT dire offence from am'rous causes springs,/What mighty contests rise from trivial things, /I sing -This verse to Caryl, Muse! is due: /This, ev'n Belinda may vouchsafe to view: /Slight is the subject, but not so the praise, /If She inspire, and He approve my lays. /Say what strange motive, Goddess! could compel /A well-bred Lord t' assault a gentle Belle? /Oh say what stranger cause, yet unexplor´d, /Could make a gentle Belle reject a Lord?

CANTO PRIMERO

Lo que ofensa cruel de amor causara, /Y los combates que el poder formara /Por un trivial asunto ahora yo canto. /¡O Musa! a Caryl debo este mi canto; /¡O si dado me fuera, /Que Belinda también mis versos viera! /Pequeño es el asunto, mas la gloria /(Si ella dulce me inspira /Y con benignos ojos él los mira /Y alabanza inmortal me da la historia. / Dime, ó Diosa, el motivo que impeliera /A un Lord tan bien criado á asaltar fiero /A una noble beldad, y por que fuera, /Con estraño desdén el mas severo,/(Si es que está averiguado) /Un Lord de una hermosura desdeñado (Afonso, 1851: 7).

Responda a las siguientes preguntas justificándolo con el texto:

1. ¿Qué se canta?
2. ¿El poeta es mero transmisor del canto o es el cantor?
3. ¿Quién inspira el canto?

TEXTO 7

Lord Byron juega con los rasgos del género y explicita que no va a empezar *in medias res* sino por el principio, que su héroe no es el héroe típico sino uno extraído de la "pantomima", del teatro. No hay invocación a la musa y no canta al héroe, sino que lo "busca".

Don Juan, Lord Byron

I want a hero, an uncommon want, /When every year and month sends forth a new one, /Till after cloying the gazettes with cant, /The age discovers he is not the true one. /Of such as these I should no care to vaunt; /I´ll therefore take our ancient friend /We all have seen him in the pantomime /Sent to the devil somewhat ere his time... [...] Most epic poets plunge in medias res... [...] That is the usual method, but not mine; /My way is to beging with the beginning (1.1-1.7).	Busco un héroe, búsqueda poco frecuente /Cuando cada año y cada mes se inventa uno /Hasta que, tras saturar las revistas con su palique /La gente descubre que no era auténtico. /No voy a molestarme a ensalzar a uno de estos. /Por el contrario, prefiero a Don Juan, nuestro viejo amigo. /Todos le conocemos en la pantomima enviado /Al infierno un poco antes de tiempo... [...] Muchos poetas épicos arrancan in medias res... [...] Este es el método usual, pero no el mío. /Yo voy a empezar por el principio.

1. Busque en este texto rasgos propios de la épica. Demuestre que el rasgo señalado es propio del género, aportando un ejemplo paralelo extraído de los textos anteriores.

TEXTO 8

La conquista de Tenerife, Antonio de Viana

CANTO I. 1-15

Canto el origen del Canario nombre
y el renombre de bien afortunadas
de las siete estimadas islas bellas;
publico dellas y de sus varones
grandezas, invenciones y costumbres,
amores, pesadumbres y discordias,
de guerras las concordias, y altos hechos,
de los hispanos pechos las victorias,
con fama, honor y glorias conquistadas.
Vos, de quien son amadas y queridas
las islas escogidas de Canaria,
patrona Candelaria, dadme lumbre
dende vuestra alta cumbre, que confío,
que el pobre ingenio mío en esta historia
hará vuestra memoria se eternice.

CANTO II. 1-6

Sagrada Musa, de la mar Estrella[7]
Que cerca della en vuestra Candelaria,
Honor de la Nivaria[8], cual contemplo,
Estás en sacro templo colocada,
De vos purificada sea mi lengua
Por quien sin mengua en la verdad prosiga...

Responda a las siguientes preguntas justificándolo con el texto:

1. Indique a qué tipo de épica pertenece este fragmento.
2. Señale la invocación a la musa y el esbozo temático.
3. ¿Quién es la musa para el poeta Viana?
4. ¿Qué quiere decir con "dadme lumbre"?
5. ¿Dónde se expresa el tópico de la modestia?

TEXTO 9

Gatomaquia, Lope de Vega

Silva I

Vosotras, musas del castalio coro[9],
dadme favor, en tanto
que con el genio que me distes canto
la guerra, los amores y accidentes
de dos gatos valientes...

Responda a las siguientes preguntas justificándolo con el texto:

1. Indique a qué tipo de épica pertenece este fragmento.
2. Señale la invocación a la musa y el esbozo temático.

TEXTO 10

La Araucana, Alonso de Ercilla

No las damas, amor, no gentilezas

---

[7] Estrella del mar (*Stella maris*) es una invocación habitual a la Virgen.
[8] Nivaria es el nombre de Tenerife.
[9] La fuente Castalia, vinculada al dios Apolo en Delfos, proporcionaba inspiración.

De caballeros canto enamorados;
Ni las muestras, regalos ni ternezas
De amorosos afectos y cuidados:
Mas[10] el valor, los hechos, las proezas 5
De aquellos españoles esforzados,
Que a la cerviz de Arauco, no domada,
Pusieron yugo por la espada.
Cosas diré también harto notables
De gente que a ningún rey obedecen, 10
Temerarias empresas memorables
Que celebrarse con razón merecen;
Raras industrias, términos loables
Que más los españoles engrandecen;
Pues no es el vencedor más estimado
De aquello en que el vencido es reputado.

Responda a las siguientes preguntas justificándolo con el texto:

1. Indique a qué tipo de épica pertenece este fragmento.

2. Señale la invocación a la musa y el esbozo temático.

3. Práctica 2: Presencia de sueños

Como ejemplo de la escena típica del sueño premonitorio que, en unas ocasiones indica cosas verdaderas y en otras engaña, comentamos el texto clásico del canto segundo de la *Ilíada* en la que el Sueño engañoso, enviado por Zeus, insta al atrida Agamenón a organizar sus tropas aqueas para el asalto a la ciudad de Troya, que parece contar con el favor, promovido por Hera, de la mayor parte de los dioses. El sueño, bajo la figura de Neleo, hijo del respetado Néstor, comunica a Agamenón el supuesto mandato de la corte olímpica.

TEXTOS CLÁSICOS

TEXTO 1

Il., 2. 8. Anda, ve, Sueño engañoso, a las rápidas naves aqueas, y entra en la tienda del Atrida Agamenón y declárale todo cuanto voy a decirte: ordénale que arme a los melenudos aqueos, pues ahora podría conquistar la ciudad de anchas calles de los troyanos, pues los dioses que habitan las moradas olímpicas ya no discrepan, porque a todos ha doblegado Hera con súplicas, y los duelos se ciernen sobre los troyanos.
Así habló, y partió el Sueño al oír este mandato. Al instante llegó a las rápidas naves de los aqueos y marchó sobre el Atrida Agamenón. Lo encontró dormido

---

[10] "Mas" tiene aquí el valor de "sino".

en la tienda; el inmortal sueño se difundía alrededor. Se detuvo sobre su cabeza, tomando la figura del hijo de Neleo, Néstor, a quien de los ancianos más honraba Agamenón. A él asemejándose, le dirigió la palabra el divino Ensueño: "Duermes, hijo del belicoso Atreo, domador de caballos. No debe dormir toda la noche el varón que tiene las decisiones, a quien están confiadas las huestes y a cuyo cargo hay tanto. Ahora atiéndeme pronto, pues soy para ti el mensajero de Zeus, que, aun estando lejos, se preocupa mucho por ti y se compadece. Ha ordenado que armes a los aqueos, de melenuda cabellera, en tropel: ahora podrías conquistar la ciudad, de anchas calles, de los troyanos, pues los dioses que habitan las moradas olímpicas ya no discrepan, porque a todos ha doblegado Hera con súplicas, y los duelos se ciernen sobre los troyanos por obra de Zeus. Guarda esto en tus mientes, y que el olvido no te conquiste cuando el sueño, dulce para las mentes, te suelte".

TEXTOS EN LENGUA VERNÁCULA

Esta escena del sueño premonitorio tendrá que reconocerla primero en un texto medieval francés, del siglo XI, como es *La Canción de Roldán,* en el que es un ángel quien anticipa a Roldán la tragedia que sobrevendrá.

TEXTO 2

La Chanson de Roland

Ma douleur est si grande que je ne puis la taire. Par Ganelon France sera détruite. Cette nuit une vision me vint, de par un ange: entre mes poings, Ganelon brisait ma lance, et voici qu'il a marqué mon neveu pour l'arrière-garde. Je l'ai laissé dans une marche étrangère. Dieu ! si je le perds, jamais je n'aurai qui le remplace.	Tan grande es mi dolor que no puedo ocultarlo. Ganelón habrá de destruir a Francia. Esta noche un ángel me otorgó esta visión: Ganelón rompía mi lanza entre mis manos, y he aquí que ha elegido a mi sobrino para mandar la retaguardia. Lo he dejado en tierra extraña. ¡Dios!, si lo pierdo, nunca hallaré quien pueda reemplazarlo.

Responda a las siguientes preguntas justificándolo con el texto:
1. ¿Este sueño premonitorio es engañoso o veraz?
2. ¿Qué cambio se introduce con el uso de "un ángel"?
3. Nos encontramos en un modelo de épica medieval, pero ¿cómo definiría su temática?
4. ¿Qué tipo de elemento maravilloso se da en el texto?

TEXTO 3

Cantar del Mío Cid[11]

Texto 3.1.

Última noche que el Cid duerme en Castilla.
Un ángel consuela al desterrado.

En cuanto que fue de noche el Cid a dormir se echó,
le cogió un sueño tan dulce que muy pronto se durmió.
El arcángel San Gabriel a él vino en una visión:
"Cabalgad, Cid -le decía-, cabalgad, Campeador,
que nunca tan en buena hora ha cabalgado varón,
bien irán las cosas vuestras mientras vida os dé Dios."
Mío Cid al despertar la cara se santiguó.

Texto 3.2.

El ángel Gabriel se aparece en sueños al Cid

19 Allí se echaba mío Cid,   después que cenó;
Cogió un dulce sueño,   tan bien se durmió.
El ángel Gabriel   en sueño se apareció:
 Ángel
Cabalgad, Cid,   el buen Campeador,
Que nunca en tan buen punto   cabalgó varón;
Mientras que viviereis   bien saldrá todo a vos.
 Narrador
Cuando despertó el Cid,   la cara se santiguó

Responda a las siguientes preguntas justificándolo con el texto:

1. ¿Qué similitud existe entre estos textos y el anterior?

2. ¿Qué indica?

3. ¿Se trata de un sueño veraz o engañoso?

4. Señale los elementos que muestran la contextualización en una sociedad diferente de la grecorromana.

---

[11] Se han actualizado los textos del *Cantar del Mío Cid* por la antigüedad y dificultad del español medieval.

4. Práctica 3: Presencia de presagios y profecías

El sueño no es el único medio de comunicación entre lo natural y lo sobrenatural, sino que existen otras posibilidades como los presagios y las profecías.

TEXTOS CLÁSICOS

TEXTO 1

Aen., 2.685-694
Después que la cabeza de Iulo se llenara de llamas que no le queman,
el anciano abuelo[12] dirige este ruego:
"Omnipotente Júpiter, si te dejas mover de ruego alguno,
confírmanos, padre, este presagio".
Apenas el anciano dijo esto, de repente sonó el fragor de un trueno
por la izquierda e irrumpió desde el cielo una estrella
y deslizándose a través de las sombras pasó veloz tendiendo
una antorcha de fuego, dejando en pos un reguero de luz.

Responda a las siguientes preguntas justificándolo con el texto:

1. ¿Qué escenas reconoce en este texto? ¿De qué presagio pide confirmación Anquises?

2. ¿Cómo denominaría esta confirmación (hecho real, sueño, presagio)?

TEXTOS 2

Aen., 6.756-759. "¡Ea!, ahora te expondré con palabras qué gloria va a seguir después a la prole dardania, qué nietos del pueblo itálico te aguardan, almas ilustres que se han de sumar a nuestro nombre, y te voy a enseñar tus propios hados."

Responda a las siguientes preguntas justificándolo con el texto:

1. ¿Qué encontramos en este texto, un presagio o una profecía?

2. ¿Qué diferencia hay entre un presagio y una profecía?

---

[12] Anquises, padre de Eneas y abuelo de Iulo.

TEXTOS EN LENGUA VERNÁCULA

TEXTO 3

Cantar del Mío Cid

2
Agüeros en el camino de Burgos

Ya aguijan a los caballos, ya les soltaron las riendas.
Cuando salen de Vivar ven la corneja a la diestra,
pero al ir a entrar en Burgos la llevaban a su izquierda.
Movió Mío Cid los hombros y sacudió la cabeza:
"¡Ánimo, Álvar Fáñez, ánimo, de nuestra tierra nos echan,
pero cargados de honra hemos de volver a ella! "

2
El Cid ve agüeros en la salida
 Narrador
Allí piensan aguijar,   allí sueltan las riendas. 10
A la salida de Vivar,   tuvieron la corneja diestra,
Y, entrando en Burgos,   tuviéronla siniestra.
Meció mío Cid los hombros   y movió la cabeza:

Cid
-¡Albricias, Álvar Fáñez,   que echados somos de tierra!

Responda a las siguientes preguntas justificándolo con el texto:

1. ¿Qué tipo de escena hay aquí? ¿Qué le permite reconocer esta escena?
2. En este texto aparecen dos presagios, ¿cuáles son?
3. Nos encontramos en un modelo de épica medieval, pero ¿cómo definiría su temática?
4. A partir del fragmento siguiente, responda:

    "A la salida de Vivar,   tuvieron la corneja diestra,
        Y, entrando en Burgos,   tuviéronla siniestra."

    4.1. *Salida diestra, entrada siniestra.* ¿Qué tipo de presagio es favorable y cuál desfavorable?
    4.2. Reflexione sobre las connotaciones de diestro y siniestro.

TEXTO 4

El Pelayo, Fragmento II. Espronceda

I
Era la hora en que el mundano ruido
Calma, en silencio, el orbe sepultado:
Yacía el rey, apenas interrumpido
Del dulce sueño su mortal cuidado,
Cuando un fúnebre oyó largo alarido
Entre angustiosos sueños congojado,
Triste presagio de su infausta suerte,
Y luego ante sus ojos vio la Muerte.

II
La amarillenta mano descarnada,
Blandiendo al aire la guadaña impía,
La aterradora vista al rey clavada,
Su cetro y su corona recogía,
Mientras en torno extraña gente armada
Sus despojos alegre dividía:
Y oyó sus quejas y escuchó sus voces
Y sus semblantes contempló feroces.

Responda a las siguientes preguntas justificándolo con el texto:

1. Se habla de dos escenas. ¿Las reconoce? ¿Qué le permite reconocerlas?
2. Describa, lo más brevemente posible, estos fragmentos: ¿qué hacía el rey en este momento?
3. ¿Qué personificación hay en el texto? ¿Cuáles son sus rasgos?

TEXTO 5

The Faerie Queen, E. Spenser

With that the Prophet still awhile did stay, /And then his spirite thus gan forth display; [...] For from thy wombe a famous Progenie /Shall spring, out of the ancient Troian blood, /Which shall reuiue the sleeping memorie /Of those same antique Peres, the heauens brood, [...] It was not, Britomart, thy wandring eye, /Glauncing vnwares in charmed looking glas, /But the streight course of heauenly destiny, /Led with eternall prouidence, that has /Guided thy	Con esas el Profeta aún un momento aguardó, /Y luego su espíritu así comenzó adelante a desplegar; [...] Pues de tu vientre una famosa Progenie /Brotará, de la antigua sangre Troyana, /Que revivirá la durmiente memoria /De aquellos mismos antiguos Pares, la progenie del cielo, [...] No fue, *Britomart*, tu errante mirada, /Ojeando inconsciente en encantado espejo, /Sino el estricto curso del destino

glaunce, to bring his will to pas: /Ne is thy fate, ne is thy fortune ill, /To loue the prowest knight, that euer was. /Therefore submit thy wayes vnto his will, /And do by all dew meanes thy destiny fulfill.	celestial, /Llevado por la eterna providencia, lo que ha /Guiado tu mirada, para llevar tu voluntad a pasar: /Ni es tu destino, ni es tu fortuna aciaga, /Amar al más valiente caballero, que nunca hubo. /Por tanto entrega tus pasos a su voluntad, /Y haz por todos los debidos medios que tu destino se cumpla.

Responda a la siguiente pregunta justificándolo con el texto:

1. ¿Qué escena halla en este texto? ¿Qué le permite reconocerla?

5. Práctica 4: especificación del momento

En los textos clásicos encontramos que, para indicar en qué momento nos encontramos, se utilizan perífrasis con elementos de la naturaleza o divinidades que lo evidencian.

TEXTOS CLÁSICOS

TEXTO 1
Il.,8.485. Cayó en el Océano la brillante luz del sol, echando la negra noche sobre la feraz campiña.

Il.,1.475. Cuando el sol se puso y sobrevino la oscuridad,
se acostaron a lo largo de las amarras de popa de la nave, [...].

Od.,2.1. Cuando apareció la hija de la mañana, Eos la de rosáceos dedos [...].

Responda a las siguientes preguntas justificándolo con el texto:

1. ¿A qué momentos del día se está aludiendo?
2. En el fragmento 1 observe la imagen "echando la negra noche sobre la feraz campiña" y en el fragmento 3 "Eos la de rosáceos dedos". ¿Qué le evocan ambas descripciones?
3. Busque representaciones pictóricas de Eos.
4. ¿Qué diferencia hay entre los dos primeros fragmentos y el tercero en la descripción del momento?

TEXTOS EN LENGUA VERNÁCULA

TEXTO 2

La Araucana, Alonso de Ercilla

CANTO II

Ya la rosada Aurora comenzaba
Las nubes a bordar de mil labores,
Y a la usada labranza dispertaba 395
La miserable gente y labradores:
Y a los marchitos campos restauraba
La frescura perdida y sus colores,
Aclarando aquel valle la luz nueva,
Cuando Caupolicán viene a la prueba. 400

Responda a las siguientes preguntas justificándolo con el texto:

1. Reconozca el momento del día que está señalando el autor.

2. ¿Qué elementos del mundo clásico identifica?

3. ¿Qué imagen nueva se añade?

TEXTO 3

La conquista de Tenerife, Antonio de Viana

CANTO XIII

Del claro Apolo los lustrosos rayos
resplandecían, en el orizonte,
dorando la alta cumbre plateada
con pura nieve del precelso Teyda, cessavan ya los instrumentos bélicos
en el real del español exército
de hazer salva a la hermosa Aurora, quando el buen General con el cuidado
de saber nueva cierta de la gente...

1. Reconozca el momento del día que está señalando el autor.

2. Identifique elementos clásicos en este texto.

3. Sustituya las personificaciones por el nombre común al que equivalen.

6. Práctica 5: catálogos

Otra escena típica es la de los catálogos, a través de los que se ofrece una enumeración de naves, pueblos, guerreros... A partir del catálogo de naves y guerreros de la *Iliada*, se ven las características que a continuación deberán distinguir en los textos que se ofrecen como modelos de literatura posterior.

TEXTOS CLÁSICOS

TEXTO 1

Il., 2.484-877. Decidme ahora, Musas que poseéis olímpicos palacios y como diosas lo presenciáis y conocéis todo, mientras que nosotros oímos tan sólo la fama y nada cierto sabemos, cuáles eran los caudillos y príncipes de los dánaos. [...] Pero mencionaré los caudillos y las naves todas.
Mandaban a los beocios Penéleo, Leito, Arcesilao, Protoenor y Clonio. Eran los habitantes de Hiria, Aulide pétrea; Esqueno, Escolo, Eteono boscosa; Tespía, Grea y la vasta Micaleso; los que moraban en Herma, llesio y Eritras; los que residían en Eleón, Hila, Peteón, Ocalea [...]. Todos estos llegaron con cincuenta naves. En cada una se habían embarcado ciento veinte beocios. [...] Mandaban a los focenses Esquedio y Epístrofo [...], y todos estos habían llegado con cuarenta negras naves. [...] Sobre los locrios mandaba el rápido Ayante, hijo de Oileo, [...]. A éste acompañaban cuarenta negras naves de los locrios [...].

TEXTOS EN LENGUA VERNÁCULA

TEXTO 2

Milton, en el libro primero de *El paraíso perdido*, ofrece el catálogo de demonios que, realmente, son dioses paganos, los verdaderos enemigos del Dios cristiano.

Paradise Lost, J. Milton

First Moloch, horrid King, beesmeared with blood /Of human sacrifice and parents´ tears, /Though for the noise of drums and timbrels loud/ Their children´s cries unheard that passed through fire /To his grim idol. [...] Next Chemos, the obscene dread of Moab´s sons, /From Aroer to Nebo, and the wild /Of southmost Abarim. [...]	Adelantose primeramente Moloc, horrible rey, manchado con la sangre de los sacrificios humanos y con las lágrimas de los padres y de las madres, si bien, a causa del ruido de los tambores y timbales, apenas se oían los clamores de los hijos cuando, arrojados al fuego, se ofrecían a aquel execrable ídolo. [...] Tras Moloc siguió Camos, el obsceno terror de los hijos de Moab, que habitaban desde Aroer hasta Nebo y

With these came they who, from the bordering flood /Of old Euphrates to the brook that parts /Egypt from Syrian ground, had general names Of Baalim and Ashtaroth, those male, /These femenine. [...]
...With these in toop /Came Astoreth, whom the Phoenicians called /Astarte, Queen of Heaven, with crescenthorns, [...] /...Thammuz came next behind, /Whose anual wound in Lebanon allured /The Syrian damsels to lament his fate In amorous ditties [...]
...Next came one /Who mourned in earnest when the captive ark /Maimed his brute image, head and hands lopped off /In his own temple, on the groundsel edge, /Where he fell flat and shamed his worshippers; /Dagon his name [...]
...after these appeared /A crew who under names of old renown, Osiris, Isis, Orus and their train... (1.392-478).

hasta más allá de la parte meridional del desierto de Abarim [...]
Con estas divinidades acudieron aquellas que, desde las riberas que bañan las aguas del antiguo Éufrates hasta el torrente que separa a Egipto de la tierra de Siria llevan los nombres generales de Baal y Astarot, éstos tenidos por femeninos y aquellos por masculinos [...]
Viose avanzar también, entre esta turba de divinidades a Astore, llamada por los fenicios Astarté, reina del cielo, que ostentaba por corona una media luna: [...]
Tras Astarté vino Tanmuz, cuya anual herida atrae al monte Líbano a las jóvenes sirias, para lamentar su destino con tiernas endechas [...] En pos de Tanmuz acudió el que lloró amargamente cuando el Arca cautiva mutiló su fea imagen y cayeron rotas, hasta las puertas del mismo templo, su cabeza y sus manos, dejando avergonzados a sus propios adoradores. Dagón es su nombre [...]. Después de estos demonios llegó la numerosa muchedumbre de aquellos conocidos en otro tiempo bajo diferentes nombres: Osiris, Isis, Orus y su sequito, monstruosos en sus formas y en sus sortilegios, abusaron del fanático Egipto y de sus sacerdotes, que se hicieron divinidades errantes, ocultas bajo formas de animales más bien que bajo formas humanas.

Responda a las siguientes preguntas justificándolo con el texto:

1. Señale a qué tipo de épica pertenece el texto.

2. Esta escena viene precedida de una enumeración de los huestes del bien (ángeles, arcángeles, serafines, etc.). ¿Qué denominación general daría a las fuerzas del mal?

3. Milton ha dado un nombre específico a algunos de sus representantes. Investigue si estos nombres han sido inventados por Milton o tienen algún referente.

4. ¿Qué tienen en común Isis, Osiris, Orus, Astarté y Moloc?

TEXTO 3

La Araucana, Alonso de Ercilla

CANTO I

Los Promaucaes de Maule, que supieron
el vano intento de los Ingas vanos,
al paso y duro encuentro les salieron,
no menos en buen orden que lozanos;
y las cosas de suerte sucedieron   405
que, llegando estas gentes a las manos,
murieron infinitos Orejones,
perdiendo el campo y todos los pendones.

Los indios Promaucaes es una gente
que está cien millas antes del estado,   410
brava, soberbia, próspera y valiente,
que bien los españoles la han probado [...]
Los Ingas, que la fuerza conocían
que en la provincia indómita se encierra,
y cuán poco a los brazos ganarían [...]
volvieron a los pueblos que dejaron.

    1. ¿Qué recoge este catálogo?

TEXTO 4

La conquista de Tenerife, Antonio de Viana

CANTO II (vv. 26-66)

Después, cuando la Reyna Catalina
con su querido infante don Fernando,
governava en el Reyno de Castilla,
en cuya real corona incorporadas
estaban otra vez las Islas hizo
dellas merced a otro francés famoso
de clara descendencia, cuyo nombre
fue Monsiur Juan de Letancor con título
de Rey, por beneméritos servicios;
el cual con poderosa y brava armada
siguió de las Canarias el viage
con gallardos franceses y españoles,
de sojuzgar naciones codiciosos,
que fueron los más nobles Lentancures,
deudos cercanos suyos y parientes
los Dumpierres, Perdemos, los Cabreras,

Rojas, Sarmientos, Castres, Riveroles,
Casañas, Monleones, Pimenteles,
Alarcones, Negrines, Melianes,
Enriquez, Salazares, Verdes, y otros
de gran esfuerzo y de valor inmenso.

Responda a las siguientes preguntas justificándolo con el texto:

1. ¿Qué recoge este catálogo?

2. ¿Advierte la pervivencia de algunos de estos nombres en la Canarias actual? Menciónelos.

3. Comente algún cambio importante de tipo fonético. Observe el uso peculiar del número gramatical. Señale algunos ejemplos que considere notables. ¿A qué cree que se debe el uso de este número gramatical?

4. ¿Reconoce la pervivencia de alguno de los personajes bando contrario?

7. Práctica 6: combate singular y escenas de batalla

Otra escena característica es el combate singular. Dos son los modelos clásicos seleccionados. El primero, el enfrentamiento, durante la guerra de Troya, de los héroes Áyax y Héctor; recogemos la conversación caballeresca, muy común en la épica, previa al combate armado. No todos los encuentros acaban en combate. Un ejemplo es el de Glauco y Diomedes, que encontramos en el canto sexto, que no termina en combate, sino en una alianza e intercambio de armaduras.

TEXTOS CLÁSICOS. Combate singular

TEXTO 1

Il., 7.206. Así oraron y púsose Áyax la armadura de bronce; cuando tuvo las armas vestidas en torno a su cuerpo, avanzó tal como Ares terrible hubiera avanzado al partir a la lucha en la cual se combaten los hombres a los que en roedora discordia ha enzarzado el Cronida. De este modo avanzó el fiero Áyax, muro de los aqueos, y con torvo semblante lanzose adelante sonriendo, dando grandes zancadas, blandiendo la lanza larguísima.
Los argivos se regocijaron en cuanto lo vieron y un violento temor sacudió a los troyanos los miembros y Héctor mismo sintió el corazón palpitar en su pecho, pero ya no podía temer ni evitarse la lucha, yéndose con sus huestes, pues él provocó el desafío.
Se acercó Áyax; su escudo de bronce era igual que una torre; [...]
Y con él ante el pecho detúvose Áyax Telamonio cerca de Héctor y lo amenazó de este modo, diciendo:

—¡Héctor! Ahora sabrás claramente luchando tú solo qué adalides se encuentran aún entre los hombres aqueos, además del que rompe las filas, el león bravo Aquiles. Que, si el héroe se encuentra en sus naves ligeras y corvas, puesto que Agamenón, el pastor de los hombres, lo ha airado, muchos somos capaces aún de batirnos contigo. Pero ya de una vez empecemos la lid y la lucha.

Y el gran Héctor del casco brillante repuso diciendo:

—¡Oh tú, Ayax Telamonio, linaje de Zeus y caudillo! No me tientes igual que si fuese yo un niño muy débil o como a una mujer que las cosas de guerra no sabe. Más versado yo estoy en la lucha y matanzas de hombres, y a derecha e izquierda yo sé manejar esta seca piel de buey, que a la guerra implacable me llevo conmigo; sé lanzarme a la lucha montado en los carros veloces y danzar cuerpo a cuerpo la danza terrible de Ares. Pero a ti, por ser tú, no deseo vencer con astucias, antes bien, cara a cara lo haré, e intentaré conseguirlo.

TEXTO 2

El segundo texto modelo es el del enfrentamiento entre Turno y Eneas, que encontramos en el canto doce de la *Eneida*. A continuación, podrán ver cómo este combate se repite en dos textos posteriores. Virgilio muestra que, cuando Eneas estaba dispuesto a perdonar a Turno, ve el tahalí del joven Palante que Turno le había arrebatado después de matarlo, de modo que cambia de opinión y, airado, dice: "Palante ahora te sacrifica y recibe venganza de su criminal muerte".

Aen., 12.940. Y el ruego había empezado ya a ablandar más al que dudaba, cuando el infeliz tahalí apareció en lo alto del hombro y brilló el cinto del joven Palante con sus conocidas bolitas, al que, vencido por una herida, Turno lo había derribado, y llevaba en sus hombros la divisa del enemigo. Él, después que clavó sus ojos en el recuerdo de su cruel dolor y en los despojos de guerra, encendido por las furias y terrible en su ira (dijo): ¿tú, revestido con los expolias de los míos te me vas a escapar? Palante, Palante ahora te sacrifica con esta herida y recibe venganza de su criminal muerte. Diciendo esto furioso hundió el hierro en el pecho enemigo. A aquel el frío le relaja los miembros y su vida huye indignada con un gemido a las sombras.

TEXTOS CLÁSICOS. Escenas de batalla

TEXTO 3

Il, 4.445. En cuanto se juntaron y concurrieron en un mismo lugar, chocaron a un tiempo escudos, picas y furias de guerreros, de broncíneas corazas. Entonces los abollonados broqueles se enzarzaron unos a otros, y se suscitó gran estruendo. A un tiempo se confundían gemidos y gritos de triunfo, se moría y se mataba, y la sangre corría por el suelo.

TEXTO 4

Aen. 9. 502-511. De pronto la trompeta retumbando
su son de bronce en la distancia
Quiebra su hórrido grito. Y se eleva enseguida un clamoreo
Y rebrama el eco por el cielo. Los volscos avanzan a la par,
Trabados los escudos a modo de tortuga
Y se aprestan a rellenar los fosos y arrancar la empalizada.
[...] Replícanle los teucros disparando
toda traza de dardos. Los rechazan con estacas erizadas de hierros,
Hechos ya como están en asedio tan largo a defender los muros.

Responda a las siguientes preguntas justificándolo con el texto:

1. ¿Qué papel juega la trompeta en esta escena?

2. ¿A qué metonimia se presta? Mire el texto 4 de la práctica 1.

3. Después de la lectura de los cuatro fragmentos anteriores, señale las diferencias entre ellos.

TEXTOS EN LENGUA VERNÁCULA

TEXTO 5

Le Roman d´Eneas

Eneas en ot grant pitié;
Turnus li a l'yaume baillié
Endementiers qu'il li tendoit,
en son doy l'anel Pallas voit,
que li toli quant il l'occist.
Tout son grant duel li rafreschist
quant de Pallas li remembra;
tuot taint d'ire, si souspira
et dist: "Tu m'as crïé merci,
tout m'as laissié et tout guerpi
cest reigne o la fille le roy.
Je eüsse bien pitié de toy,
n'i perdisses vie ne membre,
mais par cest anel me ramembre
de Pallas que tu occsis.
Au cuer m'en as or grant duel mis:
ne t'occira mie Eneas,
mais de toy se venge Pallas."
(9793-9810)

Eneas tuvo piedad de él; Turno le ha entregado el yelmo.
Mientras se lo tendía, vio en su dedo el anillo de Palante, que aquel le había cogido cuando lo había matado. Cuando se acordó de Palante se reavivó su inmenso dolor, lívido de cólera, suspiró y dijo: "Me has pedido gracia, me lo has dejado y abandonado todo: este reino y la hija del rey. Hubiese tenido piedad de ti y no hubieras perdido ni la vida ni un solo miembro, mas por este anillo me he acordado de Palante, a quien tú mataste. Has sumido mi corazón en un inmenso dolor, no te matará Eneas, pero de ti se venga Palante."[13]

---

[13] Traducción propia.

Responda a las siguientes preguntas justificándolo con el texto:

1. ¿Qué escena se desarrolla?

2. Investigue sobre los personajes de Palante y Turno.

3. Busque en el diccionario qué es tahalí. En este texto, ¿por qué otro se ha sustituido este objeto?

TEXTO 6

La conquista de Tenerife, **Antonio de Viana**

CANTO XII

Andava Guadafret, gigante fiero,
muy gruesso, egdematoso, barrigudo,
como torre de carne, aunque pesado,
valiente, suelto, diestro y animoso,
encarnizado en la española gente.
Encuéntrale Albornoz, que sin cavallo
con la adarga y la espada combatía,
cierra con el gigante valeroso,
dánse terribles y espantosos golpes;
pero después que el gran bastón descarga,
buscando centro de un entero círculo,
llega la espada por la recta línea
del invencible brago gobernada,
y por el gruesso ombligo, palpitando,
salen los intestinos con la sangre;
desmaya luego el cuerpo giganteo,
tira el bastón y con furor lo arroja
al valiente español sin ofenderle,
y al fin con el mal parto movedizo
de la hinchada preñez, perdió la vida.

Responda a las siguientes preguntas justificándolo con el texto:

1. ¿Qué escenas hay en este texto? Justifique la respuesta.

2. Señale los epítetos y las comparaciones.

3. ¿Son habituales en la épica descripciones de este tipo?

> "por el gruesso ombligo, palpitando,
> salen los intestinos con la sangre…
> y al fin con el mal parto movedizo
> de la hinchada preñez, perdió la vida."

TEXTO 7

El *Don Juan*, de Lord Byron, es un ejemplo de épica burlesca, en el que el propio protagonista, Juan "que no tenía escudo que empuñar ni era César", se presenta como un muchachito que no sabía por qué luchaba.

Don Juan, Lord Byron

27 Juan by some strange chance, [...] /Just at the close odd turns of Fortune´s tides, /Was on sudden rather puzzled here, /When after a good deal of heavy firing, /He found himself alone, and Friends retiring. /28 I don´t know how the thing occurred. It might /Be that the greater part were killed or wounded /And that the rest had faced unto the right /About, a circunstance which has confounded /Caesar himself, who in the very sight /Of his whole army, which so much abounded /In courage, was obliged to snatch a shield /And rally back his Romans to the field. /29 Juan, was No Caesar, but a fine /Young lad, who fought /He knew not why, arriving at this pass, /Stopped for a minute, as perhaps he ought /For a much longer time; then like an ass /(Start not, kind reader, since great Homer thought /This simile enough for Ajax, Juan /Perhaps may find it better tan a new one), /30 Then like an ass, he went upon his way /And what wast stranger, never looked behind; /But seeing, flashing forward like the day...

27 Juan, por algún extraño azar, [...] de aquellos giros raros de la voluble Fortuna[14], /Quedose de repente clavado y más bien atónito /Cuando, tras la artillería pesada en cantidad, /Se encontró solo y sus compañeros en retirada. /28 Ignoro cómo fue. Podría ser /Que en su mayor parte estuvieran muertos o heridos /Y que los restantes se hubieran ocultado /Por la derecha, circunstancia que hubiera confundido /Al mismísimo César, que ya a la vista /De todo su ejército, pródigo en coraje, /Se vio forzado a empuñar un escudo /Y a volver a agrupar a sus huestes en campaña. /29 Juan, que no tenía escudo que empuñar ni era César, /Sino un mozalbete gentil que luchaba /Sin saber por qué, al llegar a este punto, /Se quedó un momento quieto, quizá debiendo /Prolongarlo más y, después, hecho un asno /(Amado lector, no te sorprenda, pues el gran Homero /Aplicó sobradamente este símil a Áyax y Juan /Seguro que lo preferiría a otro más moderno), /30 Hecho un asno, pues, siguió su marcha adelante.

Responda a las siguientes preguntas justificándolo con el texto:

1. Señale los rasgos de este tipo de épica.

---

[14] Podemos reconocer el tópico de la volubilidad de la Fortuna, que en Virgilio ya aparece como "rueda".

2. ¿Cómo se describe a Juan? ¿Se utilizan rasgos heroicos?

3. ¿Hay presencia del poeta en estos versos? ¿A quién interpela? ¿Era esto habitual en la épica homérica?

4. ¿Qué connotación tiene "asno" para nosotros?

8. Práctica 7: plegaria

Las súplicas son frecuentes en la épica. El hombre desvalido pide ayuda a la divinidad.

TEXTOS CLÁSICOS

TEXTO 1

Il., 1.447. Crises oró en alta voz, con los brazos extendidos a lo alto: "¡Óyeme, oh tú, el del arco de plata, que proteges Crisa y la muy divina Cila, y sobre Ténedos imperas con tu fuerza! Ya una vez antes escuchaste mi plegaria, y a mí me honraste e infligiste un grave castigo al ejército aqueo. También ahora cúmpleme este otro deseo: aparta ya ahora de los dánaos el azote terrible".

Responda a las siguientes preguntas justificándolo con el texto:
1. ¿Quién es "el del arco de plata"?
2. ¿Qué "grave castigo" sufrió el ejército griego tras la plegaria de Crises?
3. ¿Quiénes son los dánaos?
4. Investigue a quiénes se designa con los siguientes nombres: Tirios, Dárdanos, Frigios, Aqueos y Argivos.

TEXTO 2

Aen., 11.483. "Poderosa en las armas, señora de la guerra, doncella Tritonia, quebranta con tu mano el dardo del pirata frigio y derríbalo de bruces por tierra y póstralo ante nuestras altas puertas".

Responda a las siguientes preguntas justificándolo con el texto:
1. ¿Quién es la "doncella Tritonia"?
2. ¿A quién se refiere con "el pirata frigio"?
3. ¿Recuerda a qué ciudad suele hacer referencia Homero con la expresión "altas puertas"?

TEXTO 3

Aen., 2.687. Por su parte mi padre Anquises elevó, alegre, sus ojos a las estrellas y tendió sus palmas al cielo diciendo: "¡Júpiter omnipotente, si puedes cambiar con alguna plegaria, míranos, sólo esto, y si lo merecimos por nuestra piedad, socórrenos!"

TEXTOS EN LENGUA VERNÁCULA

TEXTO 4

Cantar del Mío Cid

18
Que a mío Cid el Campeador   que Dios le cuidase de mal: Jimena
¡Ya, Señor glorioso,   ¡Padre que en el cielo estás!   330
Hiciste cielo y tierra,   el tercero el mar;
Hiciste estrellas y luna   y el sol para calentar;
Tomaste encarnación   en santa María Madre;
En Belén apareciste,   como fue tu voluntad;
Pastores te glorificaron,   hubiéronte de alabar;   335
Tres reyes de Arabia   te vinieron a adorar,
Melchor y Gaspar y Baltasar   oro, incienso y mirrá
Te ofrecieron,   como fue tu voluntad;[...]
Por tierra anduviste   treinta y dos años, Señor espiritual,
Haciendo milagros,   por ello tenemos que hablar:
Del agua hiciste vino   y de la piedra pan;   345
Resucitaste a Lázaro   que fue tu voluntad;
Por los judíos te dejaste prender;   do dicen monte Calvario,
Pusiéronte en cruz,   en el monte por nombre Golgotá;
Dos ladrones contigo,   éstos de sendas partes,
El uno está en paraíso,   que el otro no entró allá;   350 [...]

Echóse doña Jimena en las gradas del altar
y a Dios reza, lo mejor que ella sabía rezar,
por que a Mío Cid le guarde el Señor de todo mal.
"A Ti, Señor glorioso, Padre que en el cielo estás:
hiciste el cielo y la tierra, al tercero día el mar,
luna y estrellas hiciste y el sol para calentar,
en Santa María madre fuiste Tú carne a tomar
y en Belén te apareciste conforme a tu voluntad.
Pastores te glorifican, laudos te van a cantar,
llegan tres reyes de Arabia que te vienen a adorar
y que se llaman Melchor y Gaspar y Baltasar,
oro, incienso y mirra ofrecen con toda su voluntad.
[...] por nuestra tierra quisiste treinta y dos años andar
enseñándonos milagros que nunca se han de olvidar,
hiciste vino del agua, de la piedra hiciste pan,

a Lázaro resucitas, porque así es tu voluntad:
dejaste que te prendieran, luego te dejas llevar
al Gólgota y en la cruz te dejas crucificar;
de tu cruz a cada lado sendos ladrones están;
entra el uno en paraíso, pero el otro no entrará; [...]
De la tumba en que te ponen supiste resucitar,
a los infiernos bajaste porque fue tu voluntad,
rompes sus puertas y sacas a muchos santos de allá.
Rey de los reyes Tú eres, Padre de la humanidad,
en Ti creo, a Ti te adoro con toda mi voluntad
y a San pedro ahora le pido que a Ti me ayude a rogar
por el Cid Campeador, que Dios le guarde de mal.
Y que si hoy nos separamos vivos nos vuelva a juntar".

Responda a las siguientes preguntas justificándolo con el texto:

1. ¿Qué tipo de escena se desarrolla en este texto?

2. ¿Qué peculiaridad, fruto de la contextualización, ve en el rezo de Jimena? Señale el cambio en la visión religiosa entre los distintos textos.

3. Diferencie entre plegaria y súplica en los textos épicos.

9. Práctica 8: arenga

Es propio del lenguaje épico la presencia de discursos previos al combate en los que se exhorta a los soldados a emprender la batalla con valor.

TEXTOS CLÁSICOS

TEXTO 1

Il. 4.231. Y empezó a recorrer a pie todas las filas guerreras. A los dánaos de raudos corceles que se apercibían para el duro combate, excitaba con bríos, diciendo: "No desmaye, ¡oh argivos!, la fuerza de vuestra bravura, porque no prestará el padre Zeus protección a los pérfidos..."

Responda a las siguientes preguntas justificándolo con el texto:

1. ¿A qué bando pertenece el caudillo que arenga a dánaos y argivos?

2. ¿Quiénes son "los pérfidos"?

TEXTO 2

Aen. 2.668. "A las armas, a las armas, mis hombres, el día final llama a los vencidos. Llevadme con los dánaos, dejad que vea de nuevo renovados los combates. Hoy no todos moriremos sin venganza".

Responda a la siguiente pregunta justificándolo con el texto:

1. ¿Quién es el caudillo que arenga en este fragmento?

TEXTOS EN LENGUA VERNÁCULA

TEXTO 3

La conquista de Tenerife, Antonio de Viana

CANTO X (vv. 669-700)

"Varones fuertes, nobles cavalleros,
que en el furor de la passada guerra
mostraron vuestros ánimos guerreros
el invicto valor que en vos se encierra:
agora espero con victoria veros,
domando el brío a la rebelde tierra,
pues del duque Guzmán, supremo Marte,
vemos entre los nuestros su estandarte.
Juzgad, si a do tremolan sus vanderas,
ánimo podrá aver que se acobarde;
mirad la playa, margen y riberas,
que ocupa en orden el bizarro alarde,
viéndoos con tal socorro en las praderas
donde el marcial incendio abrasa y arde,
Vitoria avremos, pues de un bravo Marte
veemos entre los nuestros su estandarte...

Responda a las siguientes preguntas justificándolo con el texto:

1. ¿Qué escena encuentra en este fragmento? ¿En qué consiste?

2. ¿Por qué se dice del duque Guzmán que es "bravo Marte" y "supremo Marte"? ¿Quién era Marte? Comente la expresión "el marcial incendio".

3. ¿Cree que se continúa usando este tipo de discurso? ¿En qué contextos? Justifique la respuesta.

10. Práctica 9: símiles extraídos de la naturaleza o de la vida cotidiana

En lo que respecta a rasgos formales, estudiamos en esta práctica la presencia de símiles extraídos de la naturaleza o de la vida cotidiana. Nos detendremos en el símil de las abejas, presente tanto en el canto segundo de la *Iliada,* en el que refleja las huestes que marchan hacia el ágora, como en el canto primero de la *Eneida,* donde se incide en la laboriosidad de los constructores de la recién fundada Cartago.

TEXTOS CLÁSICOS

TEXTO 1

Il. 2.85. Como si numerosos enjambres de abejas salieran sin cesar por la grieta de un risco volando a racimos, y unas yendo por un lado y yendo las otras por otro, revoloteando posáronse en las flores primaverales, así afluían los guerreros y en grupos marchaban por la baja ribera, saliendo de naves y tiendas, hacia el ágora.

Responda a la siguiente pregunta justificándolo con el texto:

1. ¿Para qué se utiliza este símil? ¿Qué se resalta de las abejas?

TEXTO 2

Aen. 1.430. Como a las abejas en el principio del verano a través de los floridos campos al sol su afán las incita, cuando sacan las crías adultas o cuando acumulan la líquida miel y llenan las celdillas de dulce néctar o reciben la carga de las que llegan o en formación alejan a los zánganos, ganado inútil, de la colmena; el trabajo hierve y la miel fragante exhala olor a tomillo.

Responda a la siguiente pregunta justificándolo con el texto:

1. ¿Para qué se utiliza este símil? ¿Qué se resalta de las abejas?

TEXTOS EN LENGUA VERNÁCULA

TEXTO 3

Este símil se encuentra también en *El Paraíso Perdido,* de Milton, en el que se compara con abejas a los ángeles cuando acuden en tropel a una asamblea celestial. Podemos ver cómo el mismo símil se ha usado anteriormente para dos acciones distintas.

Paradise Lost, J. Milton

Thick swarmed, both on the ground and in the air /brushed with the hiss of rustling wings. As bees /in springtime, when the Sun with Taurus rides, /pour forth their populous youth about the hive /in clusters; they among fresh dews and flowers /fly to and fro, or on the smoothed plank,/the suburb of their straw-built citadel, /new rubbed with balm, expatiate, and confer /their state-affairs: so thick the aery crowd /swarmed and were straitened... (1, 767)

En apretado enjambre aparecían, /tanto en el suelo como por el aire, /rozado por el silbido crujiente de las alas. /Igual que las abejas en primavera, /cuando el sol cabalga con el Toro, /en torno a la colmena muestran en enjambres su numerosa cría /y, entre rocío fresco y flores, vuelan acá y allá, o sobre la lisa /tabla, el contorno de su ciudadela de paja construida, /y con reciente bálsamo bien frotada, se expansionan y consultan los asuntos de su estado. /Así de densa la multitud aérea bullía y se apretaba.

Responda a las siguientes preguntas justificándolo con el texto:

1. ¿Quién cree que es "la densa multitud aérea"?
2. Observe que Milton ha tomado elementos de los símiles anteriores y los ha fusionado.

TEXTO 4

Gatomaquia, Lope de Vega

Silva I

Asomábase ya la Primavera
por un balcón de rosas y alelíes,
y Flora, con dorados borceguíes,
alegraba risueña la ribera;
tiestos de Talavera
prevenía el verano,
cuando Marramaquiz, gato romano,
aviso tuvo cierto de Maulero,
un gato de la Mancha, su escudero,
que al sol salía Zapaquilda hermosa,
cual suele amanecer purpúrea rosa
entre las hojas de la verde cama,
rubí tan vivo, que parece llama,
y que con una dulce cantilena
en el arte mayor de Juan de Mena
enamoraba el viento.

Responda a las siguientes preguntas justificándolo con el texto:

1. Señale el tipo de épica. ¿Recuerda, de los textos anteriores, una coincidencia?

2. En un texto anterior del mismo tipo, el poeta mencionaba a Homero. ¿A quién cita Lope? ¿Evoca a algún personaje literario la expresión "el gato de la Mancha"?

3. Reconozca una escena, que se halla en este fragmento, de la que hablamos anteriormente.

4. Señale las palabras en las que se desarrolla el símil.

TEXTO 5

La Araucana, Alonso de Ercilla

CANTO IV

Víbora no se vio más enconada, 470
ni pisado escorpión vuelve tan presto, como el indio volvió el airado gesto.

CANTO IV

Como el diestro a tambor que, apercibiendo al duro asalto y fiera batería,
va con los tardos golpes previniendo
la presta y animosa compañía, 500
pero el punto y señal última oyendo,
suena la horrenda y áspera armonía:
así el negro nublado turbulento
lanza un diluvio súbito y violento.
En escura tiniebla el cielo vuelto, 505
la furiosa tormenta se esforzaba,
agua, piedras y rayos todo envuelto
en espesos relámpagos lanzaba:
el araucano ejército revuelto
por acá y por allá se derramaba: 510
crece la tempestad horrenda, tanto
que a los más esforzados puso espanto.

Responda a las siguientes preguntas justificándolo con el texto:

1. Señale cuál es el símil y explíquelo.

2. Los signos acústicos que anuncian la batalla varían según los pueblos. ¿Cuál se empleaba en el mundo clásico? ¿Y, posteriormente, en épocas más recientes?

Texto 6

***La Cristiada,* Diego de Ojeda**

CANTO II

Bien así cual doncella generosa
que al limpio estanque da su carne pura
en el agua se mira vergonzosa,
cuando refleja en ella su figura;
y si tropa de gente maliciosa
la vido y codició su hermosura,
torna, con la vergüenza que la mueve,
en grana carmesí la blanca nieve;

Así Cristo, mirándose desnudo
a los ojos de aquella infame gente,
de la vergüenza el sentimiento agudo
no reprimió [...]

Responda a la siguiente pregunta justificándolo con el texto:

    1.   Señale lo que tienen en común la doncella y Cristo.

11. Práctica 10: epítetos

Los epítetos se incluyen entre los rasgos característicos de la épica y se encuentran en las tres grandes epopeyas clásicas, en las que los dioses y los héroes son calificados con epítetos: "Hera, de níveos brazos", "Odiseo, rico en ardides" o "piadoso Eneas". Los epítetos van cambiando, adaptándose a la mentalidad de la época y, así, los textos latinos insisten en la piedad de Eneas y en la fidelidad del amigo frente al carácter más ornamental de los epítetos griegos, pues *fides* y *pietas* son dos virtudes esenciales para el mundo romano.

TEXTOS CLÁSICOS

1.   Aquiles, el de los pies ligeros (*Il.*, 1.215)
2.   Hera, de níveos brazos (*Il.*, 1.5)
3.   Atenea, la de ojos glaucos (*Il.*, 1.206)
4.   Odiseo, rico en ardides (*Od.*, 1.401)
5.   Piadoso Eneas (*Aen.*, 1.378)
6.   Fiel Acates (*Aen.*, 1.88)

Responda a la siguiente pregunta justificándolo con el texto:

1. Mediante los epítetos, ¿qué se resalta de cada personaje?

TEXTOS EN LENGUA VERNÁCULA

TEXTO 2

El Paraíso perdido es el gran modelo de épica cristiana, si nos atenemos a la clasificación de Highet, y una gran parte de los epítetos tomados del mundo clásico, que encontramos en esta obra, se aplican al Dios del Antiguo Testamento, al que llama Jehová.

Paradise Lost, J. Milton

1. Jehovah thundering / Tonante Jehová (1, 386)
2. The Father, without cloud, serene / El Padre sin nubes y sereno (11, 45)

TEXTO 3

Epítetos se pueden ver también en *La canción de Roldán*.

La Chanson de Roland

1. L'empereur Charles de douce France est venu dans ce pays pour nous confondre. / El emperador Carlos, de Francia, la dulce, a nuestro país viene, a confundirnos (II)
2. Ganelon, le félon... / Ganelón, el traidor (LIV)
3. Charles le Vieux, à la barbe fleurie, à chaque jour qu'il vivra, en aura deuil et courroux / Carlos el Viejo, el de la barba florida, sufrirá por ello cada día pesar y cólera (LXXVII)

Responda a la siguiente pregunta justificándolo con el texto:

1. Mediante los epítetos, ¿qué se resalta de todos ellos?

TEXTO 4

Igualmente, aparecen en el *Cantar del Mío Cid*.

Cantar del Mío Cid

Inclinó las manos   en la su barba bellida;
A las sus hijas   en brazos las prendía;   275
Llegolas al corazón,   que mucho las quería.
Llora de los ojos,   tan fuertemente suspira:

Cid

¡Ay, doña Jimena,   la mi mujer tan cumplida,
Como a la mi alma,   yo tanto os quería!
Ya lo veis   que a partir nos hemos en vida;   280
Yo iré y vos   quedaréis retenida.
¡Plega a Dios   y a santa María,
Que aun con mis manos   case estas mis hijas,
O que dé ventura   y algunos días vida
Y vos, mujer honrada,   de mí seáis servida!

Responda a la siguiente pregunta justificándolo con el texto:

1. ¿Qué cualidades resaltan los epítetos usados en este fragmento?

TEXTO 5

La Araucana, Alonso de Ercilla

CANTO IV

Como el diestro atambor, que apercibiendo al duro asalto y fiera batería,
va con los tardos golpes previniendo
la presta y animosa compañía,   500
pero el punto y señal última oyendo,
suena la horrenda y áspera armonía:
así el negro nublado turbulento
lanza un diluvio súbito y violento.
En escura tiniebla el cielo vuelto,   505
la furiosa tormenta se esforzaba,
agua, piedras y rayos todo envuelto
en espesos relámpagos lanzaba:
el araucano ejército revuelto
por acá y por allá se derramaba: 510
crece la tempestad horrenda, tanto
que a los más esforzados puso espanto.

TEXTO 6

La Cristiada, Diego de Ojeda

CANTO II

Así Cristo, mirándose desnudo
a los ojos de aquella infame gente,
de la vergüenza el sentimiento agudo
no reprimió, y brotó sensiblemente;
habló con lengua roja el licor mudo
que comenzó a teñir su blanca frente
y cuerpo bello de marfil preciado
ya con ardiente púrpura ilustrado. [...]

Saltó la sangre, y cual collar precioso
de encendidos rubíes adorado,
el cuello y pecho blanco y amoroso
ornó del Rey de reyes adorado;
ni el Toisón de Borgoña generoso,
ni la cruz del Apóstol esforzado,
honró cuello real y pecho ilustre,
cuanto a Cristo su sangre le dio lustre. [...]

Cual fingen que ellos Cíclopes valientes
yunque de hierro en Mongibel golpean
sobre masas de acero refulgentes
que, de chispas cercadas, centellean;
o cual nubes de agosto vehementes,
cuando los secos trigos apedrean,
congelado granizo apriesa arrojan,
y mieses, plantas y árboles despojan;

Tal aquellos membrudos y arrogantes,
con bruñidos cordeles anudados,
a Cíclopes y nubes semejantes,
hieren de Dios los miembros fatigados;
sus fuerzas muestran con furor pujantes,
y abren surcos de sangre colorados
en los muslos y piernas, pecho y hombros,
que horror pone, da miedo, hace asombros.

1. Reconozca, en estos dos últimos fragmentos, los epítetos usados por
   los autores e indique qué se quiere destacar.

CAPÍTULO 3

CAMBIO Y PERVIVENCIA DE LA ÉPICA

Como ya se indicó en la introducción, la temática épica está presente en otros géneros, principalmente en el teatro. De igual forma, encontramos la utilización de personajes y temas épicos en la novela y en la poesía.
A continuación, se presentarán varios textos ilustrativos de cada uno de estos casos.

1. Temática épica en género dramático

Los textos que aquí se han seleccionado para su estudio pertenecen a épocas y nacionalidades diferentes.

La guerre de Troie n'aura pas lieu, J. Giraudoux

La guerra de Troya no tendrá lugar, estrenada en 1935, obra del francés Jean Giraudoux, es una obra pacifista que busca evitar la guerra de Troya y que se presenta como una metáfora de la situación vivida en Europa en los años previos a la Segunda Guerra Mundial.

TEXTO 1

La escena que se ofrece evoca y anticipa la despedida entre Héctor y Andrómaca en el canto sexto de la *Iliada*. Astianacte, su hijo, aún no ha nacido y en las palabras de Andrómaca, su mujer, podemos constatar el odio que siente hacia la guerra y la certeza de Héctor de que esta es inevitable.

Scène troisième
Andromaque, Hector.
Il l'a prise dans ses bras, l'a amenée au banc de pierre, s'est assis près d'elle. Court silence.
HECTOR: Ce sera un fils, une fille?
ANDROMAQUE:... Ce sera un fils, un seul fils.
... mon fils robuste et éclatant.
Hector l'embrasse.
HECTOR: Ton fils peut être lâche. C'est une sauvegarde.
ANDROMAQUE: Il ne sera pas lâche. Mais je lui aurai coupé l'index de la main droite.
HECTOR: Si toutes les mères coupent l'index droit de leur fils, les armées de l'univers se feront la guerre sans index... Et si elles lui coupent la jambe droite, les armées seront unijambistes... Et si elles lui crèvent les yeux, les armées seront aveugles, mais il y aura des armées, et dans la mêlée elles se chercheront le défaut de l'aine, ou la gorge, à tâtons...
ANDROMAQUE: Je le tuerai plutôt.

Tercera escena
Andrómaca, Héctor.
La tomó en sus brazos, la condujo al banco de piedra y se sentó a su lado. Silencio breve.
HÉCTOR: ¿Será un hijo, una hija?
ANDRÓMACA: ... Será un hijo, solo un hijo.
.... mi hijo fuerte y brillante.
Héctor la besa.
HÉCTOR: Tu hijo puede ser cobarde. Es una salvaguarda.
ANDRÓMACA: No será un cobarde. Pero le habría cortado el dedo índice de la mano derecha.
HÉCTOR: Si todas las madres le cortan el dedo índice derecho a su hijo, los ejércitos del universo harán la guerra entre sí sin dedos índices ... Y si le cortan la pierna derecha, los ejércitos quedarán con una sola pierna ... Y si le sacan los ojos, los ejércitos serán ciegos, pero habrá ejércitos, y en el tumulto buscarán a tientas el defecto de la ingle o la garganta...
ANDRÓMACA: Prefiero matarlo.

TEXTO 2

En este fragmento se sigue mostrando la tierna relación entre los esposos y el temor de Andrómaca a perder a su marido en la guerra. Andrómaca le confiesa a Héctor sus temores focalizándolos en su hijo no nacido aún: "porque es tuyo, tengo miedo. Se parece a ti".

HECTOR: Voilà la vraie solution maternelle des guerres.
ANDROMAQUE: Ne ris pas. Je peux encore le tuer avant sa naissance.
HECTOR: Tu ne veux pas le voir une minute, juste une minute? Après, tu réfléchiras... Voir ton fils?
ANDROMAQUE: Le tien seul m'intéresse. C'est parce qu'il est de toi, c'est parce qu'il est toi que j'ai peur. Tu ne peux t'imaginer combien il te ressemble. Dans ce néant où il est encore, il a déjà

HÉCTOR: Ésta es la verdadera solución materna a las guerras.
ANDRÓMACA: No te rías. Todavía puedo matarlo antes de que nazca.
HÉCTOR: ¿No quieres verlo un minuto, solo un minuto? Después, pensarás ... ¿Ves a tu hijo?
ANDRÓMACA: Solo el tuyo me interesa. Es porque es tuyo, por lo que tengo miedo. No puedes imaginar cuánto se parece a ti. En esta nada donde todavía está,

apporté tout ce que tu as mis dans notre vie courante. Il y a tes tendresses, tes silences. Si tu aimes la guerre, il l'aimera... Aimes-tu la guerre?	ya ha traído todo lo que has puesto en nuestra vida cotidiana. Ahí está tu ternura, tus silencios. Si te gusta la guerra, a él le gustará ... ¿Te gusta la guerra?

Responda a las siguientes preguntas justificándolo con el texto:

1. Realice una investigación sobre el autor y el mensaje que esta obra quiere transmitir en el contexto sociopolítico en el que fue escrita y representada.

2. Fíjese en los detalles emotivos de esta escena y explique, brevemente, qué quiere reivindicar el autor en esta escena de la despedida de Héctor ante su mujer con el niño en brazos.

3. ¿Cree que el mensaje de este fragmento continúa estando vigente?

TEXTO 3

The Odissey, D. Walcott

Más reciente es *La Odisea* (1992), del Premio Nobel de Literatura Derek Walcott. En esta obra de teatro, Homero se convierte en Billy Blue, que asume el papel del coro dramático, apareciendo tras múltiples disfraces para ofrecer sus comentarios. Se presentan las conocidas aventuras del héroe clásico relatadas en la obra épica homérica.

TEXTO 3.1

BILLY BLUE (Sings) Gone sing ´bout that man because his stories please us, Who saw trials and tempests for ten years after Troy. I'm Blind Billy Blue, my main man' sea-Smart Odysseus, Who the God of the Sea drove crazy and tried destroy. Andra moi ennepe mousa polutropon hos mala polla... The shuttle of the sea moves back and forth on this line, All night, like the surf, she shuttles and doesn't fall Asleep, then her Rosy fingers at dawn unstitch the design. (Act one. Prologue. Sound of surf)	BILLY BLUE (Canta) Voy a cantar sobre este hombre porque sus historias nos deleitan, Que, durante los diez años que siguieron a Troya, vio infortunios y tormentas Yo soy el ciego Billy Blue, él, Odiseo, el navegante. A quien el dios del mar volvía loco y quiso destruir. Andra moi ennepe mousa polutropon hos mala polla... La nave del mar cubre esta línea de ida y vuelta, Como las olas, toda la noche ella viene y va; no se queda dormida Y al amanecer sus dedos sonrosados destejen la labor.

Responda a las siguientes preguntas justificándolo con el texto:

1. ¿Quién canta?

2. ¿A quién hace referencia Billy Blue? Observe que se autodenomina ciego. ¿Ha encontrado el uso de un nombre propio designando al cantor en los textos anteriores?

3. ¿Qué escena típica reconoce?

TEXTO 3.2

CICLOPS NOBODY HAS ESCAPED, NOBODY BLINDED ME! ... ODYSSEUS: SON OF POSEIDON! YOU OBSCENE OCTOPUS! YOU TON OF SQUID-SHIT, WITH YOUR EYE POURING BLACK INK! MY NAME IS NOT NOBODY! IT´S ODYSSEUS! AND LEARN, YOU BLOODY TYRANTS, THAT MEN CAN STILL THINK!	CÍCLOPE ¡NADIE SE HA ESCAPADO, NADIE ME HA DEJADO CIEGO! ... ODISEO: ¡HIJO DE POSEIDÓN! ¡PULPO OBSCENO! ¡MONTÓN DE MIERDA DE CALAMAR, CON TU OJO SUPURANDO TINTA NEGRA! ¡MI NOMBRE NO ES NADIE! ¡SOY ODISEO! ¡A VER SI APRENDES, TIRANO SANGRIENTO, QUE LOS HOMBRES TODAVÍA PUEDEN PENSAR!

Responda a las siguientes preguntas justificándolo con el texto:

1. ¿Qué episodio de la *Odisea* recoge este fragmento?

2. ¿De qué era dios Poseidón? ¿Por qué se llama al Cíclope, su hijo, "calamar"? ¿Por qué brota del ojo del Cíclope tinta negra? Observe la utilización de la metáfora.

2. Temática épica en género narrativo

TEXTO 1

En *La hija de Homero,* de Robert Graves, encontramos una reflexión sobre la épica. La guerra se desencadena por cuestiones mercantiles y la épica disfraza la verdad del enfrentamiento bélico, valor y amores.

Homer's Daughter, R. Graves

That is what their hearers expect: songs of love and songs of battle. A fine entertainment a trade-war epic would make!
Sing, ye countinghouse Muses, of so many talents of cooper,
So many horsehide bales, and so many measures of broadcloth:
How the monopoly-mad King Priam defied the Achaeans,
Charging them fifty per cent on goods from the shores of the Euxine.

Eso es lo que esperan sus oyentes: canciones de amor y canciones de combate. ¡Buen entretenimiento sería una epopeya sobre una guerra comercial!
Cantad, Musas de oficina, acerca de tantos talentos de cobre,
tantos bultos de cuero de caballo y tantas medidas de paño;
de cómo el rey Príamo, ávido de monopolio, desafió a los aqueos cobrándoles el cincuenta por ciento sobre las mercancías provenientes de las costas del Euxino.

Responda a las siguientes preguntas justificándolo con el texto:

1. ¿Qué escena típica reconoce en este texto? Muestre los cambios que considere pertinentes.

2. ¿Sería posible una épica que reflejara la verdad de la guerra?

TEXTO 2

En clave de pesadillas se hace un recorrido de las peripecias de Odiseo.

The Penelopiad, Margaret Atwood

BAD DREAMS (XVI). And when I sleep, I dream. I had a whole run of dreams that night, dreams that have not been recorded, for I never told them to a living soul. In one, Odysseus was having his head bashed in and his brains eaten by the cyclops; in another, he was leaping into the water from his ship and swimming towards the Sirens, who were singing with ravishing sweetness, just like my maids, but were already stretching out their birds' claws to tear him apart; in yet another, he was making love with a beautiful goddess, and enjoying it very much. Then the goddess turned into Helen;

16. PESADILLAS. Y cuando duermo, sueño. Aquella noche tuve un montón de sueños, sueños que no han quedado registrados en ningún sitio, porque nunca se los conté a nadie. En uno de ellos, el cíclope le rompía la cabeza a Odiseo y se comía sus sesos; en otro, Odiseo saltaba al agua desde su barco y nadaba hacia las sirenas, que cantaban con una cautivadora dulzura, igual que mis criadas, mientras estiraban sus garras de ave para desgarrarlo; en otro, Odiseo disfrutaba haciendo el amor con una hermosa diosa. Entonces la diosa se convertía en Helena, que

she was looking at me over the bare shoulder of my husband with a malicious little smirk. This last was such a nightmare that it woke me up, and I prayed that it was a false dream sent from the cave of Morpheus thought the gate of Ivory; not a true one sent through the gate of horn.

I went back to sleep, and at last managed a comforting dream. This one I did relate; perhaps you have heard of it. My sister Iphthine – who was much older than I was that I hardly knew her, and who had married and moved far away- came into my room and stood by my bed, and told me she had been sent by Athene herself, because the gods didn´t want me to suffer. Her message was that Telemachus would return safely.

me miraba por encima del hombro desnudo de mi esposo esbozando una sonrisita maliciosa. Esta última pesadilla era tan desagradable que desperté y recé para que fuera un sueño falso enviado desde la cueva de Morfeo a través de la puerta de marfil, y no un sueño verdadero enviado a través de la puerta de cuerno.

Volví a dormirme, y al final conseguí tener un sueño reconfortante. Ese sí lo expliqué; quizá lo hayáis oído. Mi hermana Iftime -que era mucho mayor que yo y a la que apenas conocía porque se había casado y se había ido a vivir lejos- entró en mi habitación y se quedó de pie junto a mi cama. Me dijo que la enviaba la propia Atenea, porque los dioses no querían que yo sufriera. Su mensaje era que Telémaco regresaría sano y salvo.

Responda a las siguientes preguntas justificándolo con el texto:

1. ¿Estas pesadillas nos permiten reconocer alguna escena propia de la épica?

2. ¿Existen diferencias entre los sueños que recoge este texto? ¿Son todos pesadillas?

3. ¿Puede relacionar estos sueños con algunos ya vistos?

TEXTO 3

Una obra muy actual, del siglo XXI, es *Lavinia*, de Ursula K. Le Guin. *Lavinia* es una novela histórica de tema grecolatino y tiene como fuente para su materia, casi exclusivamente, la segunda mitad de la *Eneida,* en la que aparece el personaje que da título a la novela.

Lavinia, Ursula K. Le Guin

Aeneas came limping up and stood over him, breathing hard. Turnus couldn't get up. He struggled to his knees. When he'd got his breath he

Eneas se le acercó cojeando y se detuvo junto a él, con la respiración entrecortada. Turno no podía levantarse. Con esfuerzo, se

spoke clearly and quietly, as if his confusion had passed. He said, 'You've won. I ask no mercy. Do as you will. If you kill me, send my body home to my father. Lavinia is your wife. Don't take your hatred further.' Aeneas listened to him and drew back, as if to spare him. Then he saw Turnus had on the gold swordbelt he had torn off dying Pallas. He shouted out, 'Did you let the boy live? It's he, it's Pallas who makes this sacrifice!' – and he drove his sword into Turnus' heart.

puso de rodillas. Una vez recobró el aliento, habló con claridad y concisión, como si la confusión hubiera pasado.

-Has ganado -dijo-. No pido clemencia. Haz lo que quieras. Si me matas, envía mi cuerpo a mi padre. Lavinia es tu esposa. Que tu odio no vaya más allá. Eneas lo escuchó y se retiró un paso, como si fuera a perdonarle la vida. Entonces vio que Turno tenía el cinto de oro que le había arrebatado al agonizante Palante.

—¿Dejaste tú vivir al muchacho?— gritó. Es él, Palante, quien realiza este sacrificio.

Y le atravesó el corazón con la espada.

Responda a la siguiente pregunta justificándolo con el texto:

1. ¿Qué episodio de la *Eneida* está recreando la autora?

3. Temática épica en la lírica y en los romances

El personaje de Dido y sus amores trágicos con Eneas ha sido un tema grato al romance y a la lírica.

ROMANCES

ROMANCE I

Contando está sobremesa
el piadoso troyano
a la viuda de Siqueo,
fundadora de Cartago,
cómo la famosa Troya
era de cenizas campo
por aquel caballo muerto,
de vivos griegos preñado.
y al triste caso y cuento nunca oído
atenta por su mal estaba Dido.
Contaba cómo sus reyes
a fuego y sangre entrambos

murieron en un altar
con un laurel por retablo,
y que los hados crueles
repiten a cada paso
los agüeros de Casandra
cumplidos y no esperados.
y al triste caso y cuento nunca oído
atenta por su mal estaba Dido.
Contó de su madre Venus
aquel divino milagro
por do vino a conocer
que era de Cupido hermano

Contó de sus rotas naves
mil amigos anegados,
al discreto Palinuro
y al fiel Acates loando.
y al triste caso y cuento nunca oído
atenta por su mal estaba Dido.
Sintió la infelice reina
que el ciego amor entre tanto

secretas flechas le tira
al pecho seguro y casto.
Un dios le parece Eneas,
y con efectos contrarios
labraba humildes deseos,
y no fuertes muros altos.
y al triste caso y cuento nunca oído
atenta por su mal estaba Dido.

ROMANCE II

Por los bosques de Cartago
salían a montería
la reina Dido y Eneas
con muy gran caballería.
Un sobrino de la reina
y Julio Ascaruo los guían
por la dehesa de Juno,
donde más caza salía.
Preguntando iba la reina
a Ascaruo qué tal venía,
y si se acuerda de Troya,
si vio cómo se perdía.
Eneas tomó la mano,
por el hijo respondía:
—Pues mandáis vos, reina Dido,
renovar la llaga mía,
ya os conté cómo vi a Troya
que por mil partes ardía;
vi las doncellas forzadas,
muerta la caballería,
y a Hécuba, reina troyana,
nadie no la socorría.
Sus hijos ya sepultados,
Príamo no parecía,
A Casandra y policena
Muertas cabe sí tenía.
Elena quedaba viuda,
Mil veces la maldecía—.
Eneas, que esto contaba,
vio un ciervo que parecía;
echó la mano a su aljaba,
una saeta le tira.
El golpe le dio en vano,
el ciervo muy bien corría.
Pártense los cazadores,
síguelo el que más podía.
La reina Dido y Eneas
quedaron sin compañía.

Tomárala por la mano,
con turbación le decía:
—¡Oh reina, cuán mejor fuera
en Troya perder la vida!
De Troya los tristes campos
fueran sepultura mía,
a Héctor, Troylo y Paris
tuviéralos compañia.
¡Oh reina Pantasilea,
flor de la caballería!
¡Más envidia he de tu muerte
que deseo de la mía!—
Estas palabras diciendo
muchas lágrimas vertía.
La reina le dijo a Eneas:
—Esforzáos por cortesía,
que los muertos sobre Troya
rescatar no se podían.
—No lloraba yo los muertos,
lloro la desdicha mía,
que me escapé de los griegos
y a las tus manos moría;
que tu muy grande hermosura
de amor me quita la vida.
—Falso es tu atrevimiento—
la reina le respondía:
—Eneas, vete a tus naves,
salte de esta tierra mía,
que la fe que di a Siqueo
yo no la quebrantaría—.
Ellos en aquesto estando,
el cielo se revolvía:
las nubes cubren el sol,
gran escuridad hacía;
los relámpagos y truenos
en gran miedo los metían;
el granizo era tan grande,
que sin predad llovía.

La reina con gran pavor
del palafrén se caía.
Eneas bajó con ella,
con el manto la cobría.
Mirando hacia todas partes,
una cueva vio vacía;
tomóla entre los sus brazos,
en la cueva la metía.
El aposento era estrecho,
revolver no se podía.
Mientras la reina en sí torna,

Eneas se revolvía,
apartóle paños de oro,
los de lienzo le encogía.
Cuando ella en sí tornó,
de amores se sintió herida.
—¡Oh traidor, hasme burlado!
¿Cómo tratas la honra mía?
Cumplida tu voluntad
olvidarme has otro día.
Si así lo has de hacer, Eneas,
yo misma me mataría.

Copla V, Garcilaso de la Vega

Pues este nombre perdí,
"Dido, mujer de Siqueo",
en mi muerte esto deseo
que se escriba sobre mí:
"El peor de los troyanos
dio la causa y el espada;
Dido, a tal punto llegada,
no puso más que las manos".

Dido y Eneas, F. de Quevedo

        Si un Eneíllas viera, si un pimpollo,
sólo en el rostro tuyo, en obras mío,
no sintiera tu ausencia ni desvío
cuando fueras, no a Italia, sino al rollo.
        Aquí llegaste de uno en otro escollo,
bribón Troyano, muerto de hambre y frío,
y tan preciado de llamarte pío,
que al principio pensaba que eras pollo.
        Mira que por Italia huele a fuego
dejar una mujer quien es marido:
no seas padrastro a Dido, padre Eneas.
        Del fuego sacas a tu padre, y luego
me dejas en el fuego que has traído
y me niegas el agua que deseas

Gatomaquia, Lope de Vega

SILVA III

Piadoso le llamó [Virgilio a Eneas] siendo tirano;
que si en sacar los dioses fue piadoso,
en ser ingrato a Dido fue villano

SILVA VII

[...] porque si se perdiese la mentira,
se hallaría en poéticos papeles,
como se ve en Homero, describiendo
a la casta Penélope que admira,
por los amantes necios y crueles,
tejiendo y destejiendo,
sin dejarla dormir, de puro casta.
Y lo contrario para ejemplo basta,
haciendo deshonesta
Virgilio a Dido Elisa por Eneas,
como le riñe Ausonio,
aunque logró tan falso testimonio,
menos las aguas que pasó leteas
donde escribió Merlín, con cuales iras
castigan al poeta sus mentiras.

4. Pervivencia de personajes, temas y motivos épicos en los poetas canarios del grupo de los noventa[15]

«Carta a Penélope», *El complejo ejercicio del delirio* **(1998), Pedro Flores**

Te escribo, Penélope,
A orillas de la espera,
Hacia no sé qué lugar del mar,
Tejiendo escenas de regresos
En la desangelada urdidumbre
De la impaciencia.

Decirte solamente
Que Ítaca no es la misma
Sin ti,
Que no tiene el mismo encanto
Charlar en el ágora
A la hora en que Apolo retira su
carro.
Que ha perdido el oráculo su
confianza de antaño.

Está de más decirte
Que te sean los vientos propicios.
Guárdate de los engaños de
Hades,
De las islas con cíclope,

De la legendaria envidia de los
dioses,
Y faltaría a la sinceridad
Si no te dijera que también
Del dulce canto de los sirenos.
Sin más me despido;
Vuélvete a tu odisea
Que yo me vuelvo a mi trama,
Y aunque desde el día de tu
marcha
No he encontrado el hilo,
Tejiendo
Cómo no,
Tejiendo te aguardo.

Tuyo siempre:

                    Ulises.

Ítaca.
Mil novecientos
Noventa y seis.

---

[15] Todos los poemas de este apartado están tomados de Rodríguez Herrera (2008).

«El niño y el desterrado», *Treinta maneras de volver a Ítaca* (2003), Pedro Flores

—Madre
Hay un tal Ulises en la puerta
Pidiendo agua.
Dice que no quiere molestar,
Pero agradecería poder echarse
Solo unos minutos a la sombra
De nuestra higuera.
Yo no puedo ver su rostro,
Pero su voz deja en mis oídos
Un regusto a sal y venganzas.
Me ha hablado de cosas increíbles;
De gigantes de un solo ojo,
De odres que encierran vientos,
De una reina fiel como una sombra.

¿Cuántas veces he dicho,
Homero,
que no hables con extraños?

«Odiseo virtual», *Treinta maneras de volver a Ítaca* (2003), Pedro Flores

En la otra ribera de un mar de cristal
Le espera Penélope,
A la que nunca ha visto.
El barco negro que era una navaja
Por las espaldas de Poseidón
Se ha convertido en un ratón
Y en el surca tormentas
De fibra óptica.

Ulises ya no teme la ira de los dioses
Ni a los hijos monstruosos de sus deslices.
Sentado frente a un Polifemo,
Cuyo ojo nunca lastimaría,
Escucha el trasiego de las calles de Ítaca
Y cierra la ventana.

«Odiseo oscuro», *Treinta maneras de volver a Ítaca* (2003), Pedro Flores

I
Le detuvieron nada más pisar tierra.
Ulises no tenía papeles.
Poseidón gobierna el mundo.
Su ministro de justicia es un cíclope ciego.

Todos parecen haber comido
Flores de la isla de Siringe.
Una vez soñó que en Ítaca
Alguien le esperaba tejiendo.
Ahora sabe que aquí
Su nombre es Nadie.

«Mensaje al mar», *Este hombre que está junto a ti al borde extático del precipicio* (2005), Federico J. Silva

no regreso a ti penélope
no vuelvo a ti
amada en otro tiempo penélope
a tu fatal hilado
a tu devanar infernal
aquí me trajo el viento
benévolo y el oleaje
de los dioses indulgentes

aquí de nada carezco
lo que te di tuyo es

aquí ungido me veo por aceite
y con perfumadas vestiduras
aquí me dan palabra
de inmortalidad juventud
purpúreo néctar ambrosía
mejor café

ella divina entre las diosas
de elevado espíritu
superior a ti en semblante
y en su talle
me lleva a sus ocultos aposentos
me introduce en la profunda cueva
encontramos en el amor contentamiento
y no padezco soledad de ti.

«Confesa», *Una mujer anda suelta* (1999), Tina Suárez Rojas

más sólida y eterna
que los cantos de sirena
Teresa Calderón

abandoné los hilos las agujas
los dedales superé mi crisis
maníaco-depresiva
mandé al carajo
el sudario de laertes

me cansé de recordarte
a instancias de la espera
dejé de lado las promesas
desafié a los hados

a lo largo de tu ausencia
descubrí mi idiosincrasia

y toqué la cítara
tensé tu arco
jugué a los dados
leí a kavafis

devoré a los pretendientes
me ligué las trompas
formé parte de las ménades

asumí la libertad de poder
ser la que me plazca

ahora cante el aedo al ritmo
pacato
de sus versos mejores y los más
bellos
heraldos escancien las cráteras
bajo el fuego de antorchas yo
penélope de icario
tu esposa a duras penas
divinísimo odiseo
después de que te marcharas
a la verbena de troya confieso
en exclusiva pasados veinte años
que no te eché de menos
que jamás me hiciste falta

5. Epílogo

Encontramos pervivencia de una temática épica y de unos personajes que ya no son los personajes clásicos, pero que son herederos de la tradición épica como ya hemos visto.

Cantar de Mío Cid (vv. 21-64). Fragmentos del primer cantar: "Cantar del destierro"

Se dirige Mío Cid adonde siempre paraba; /cuando a la puerta llegó se la encuentra bien cerrada. /Por miedo del rey Alfonso acordaron los de casa / que como el Cid no la rompa no se la abrirán por nada. /La gente de Mío Cid a grandes voces llamaba, /los de dentro no querían contestar una palabra. /Mío Cid picó el caballo, a la puerta se acercaba, /el pie sacó del estribo y con él gran golpe daba, /pero no se abrió la puerta, que estaba muy bien cerrada. /**La niña de nueve años muy cerca del Cid se para:** /"Campeador, que en bendita hora ceñiste la espada, /el rey lo ha vedado, anoche a Burgos llegó su carta, /con severas prevenciones y fuertemente sellada. No nos atrevemos, Cid, a darte asilo por nada, /porque si no, perderíamos los haberes y las casas; /perderíamos también los ojos de nuestras caras. /Cid, en el mal de nosotros vos no vais ganando nada. / **Seguid y que os proteja Dios con sus virtudes santas.**"/Esto le dijo la niña y se volvió hacia su casa. / Bien claro ha visto Ruy Díaz que del rey no espere gracia. /De allí se aparta, por Burgos, a buen paso atravesaba.

«Castilla» (*Alma,* 1902), Manuel Machado

El ciego sol se estrella
en las duras aristas de las armas,
llaga de luz los petos y espaldares
y flamea en las puntas de las
lanzas.
El ciego sol, la sed y la fatiga.
Por la terrible estepa castellana,
al destierro, con doce de los suyos
—polvo, sudor y hierro—, el Cid
cabalga.
Cerrado está el mesón a piedra y
lodo.
Nadie responde. **Al pomo de la
espada
y al cuento de las picas, el
postigo**
va a ceder... ¡Quema el sol, el aire
abrasa!
A los terribles golpes
de eco ronco, una voz pura, de
plata
y de cristal, responde... **Hay una
niña
muy débil y muy blanca
en el umbral. Es toda**

ojos azules; y en los ojos,
lágrimas.
**Oro pálido nimba
su carita curiosa y asustada.**
—Buen Cid, pasad... **El rey nos
dará muerte,**
arruinará la casa
y sembrará de sal el pobre campo
que mi padre trabaja...
Idos. El cielo os colme de
venturas...
En nuestro mal, oh Cid, no ganáis
nada.
Calla la niña y llora sin gemido...
Un sollozo infantil cruza la
escuadra
de feroces guerreros,
y una voz inflexible grita: —¡**En
marcha!**"
El ciego sol, la sed y la fatiga.
Por la terrible estepa castellana,
al destierro, con doce de los suyos
-polvo, sudor y hierro-, el Cid
cabalga.

Sidi (2020), Arturo Pérez-Reverte

—Son sufridos y lo merecen —Minaya lo miró de soslayo—. **¿Te acuerdas de la niña de Covarrubias?...**_Ninguno protestó, aunque teníamos cuatro leguas hechas desde el amanecer y los estómagos vacíos. Diste una orden, arrimaron espuelas y eso fue todo. Ni siquiera miraron atrás.
Asintió Ruy Díaz sin decir nada. Era difícil olvidar a esa niña. **Tenía unos nueve años y había salido cuando golpeaban la puerta con los pomos de las espadas.** La casa, como todas por el camino, estaba cerrada al paso de la hueste, pues precedían a ésta heraldos reales con la prohibición, bajo pena de vida, de socorrer a los desterrados. Pero los hombres estaban hartos y decidieron no dar un paso más sin comida ni vino, de grado o por violencia. Los vecinos de Covarrubias se habían encerrado en sus casas, asustados y sin querer abrir, y la tropa decidió tomar por asalto la que parecía más rica. El propio Ruy Díaz, exasperado como todos, estaba dispuesto a tolerarlo. Fue entonces cuando ocurrió lo de la niña.
—¿De verdad te acuerdas, Ruy?
—Pues claro que me acuerdo. La familia estaba detrás, aterrorizada: padre, madre, hermanos y sirvientes. Quizá la niña fue empujada a salir o tal vez lo

hizo por propia iniciativa, pero apareció en el umbral para enfrentarse a los hombres barbudos y cubiertos de hierro que allí se agrupaban. **Era trigueña, con ojos claros y el pelo recogido bajo una cofia. Con más curiosidad que miedo observó los rostros duros y feroces cual si buscara entre ellos al jefe;** y como todas las miradas convergían en Ruy Díaz, ella acabó mirándolo también, al intuir quién era. «**El rey nos matará, señor.**» Eso dijo. Su voz era frágil como el cristal. En torno se había hecho un silencio espeso, de aceite. «**Os lo ruego. Seguid vuestro camino y que Dios os guarde.**» Su inocencia sonaba tan desvalida que aquellos guerreros cubiertos de cicatrices, hechos a saquear, violar y degollar, se miraron incómodos. «Por piedad, señor.» Desde su caballo, Ruy Díaz había contemplado a la niña mientras una extraña picazón le subía del pecho a la garganta. Le recordaba a sus hijas. No volvió la vista a sus hombres, pero sabía que todos estaban pendientes de él. Una palabra suya y la casa sería cenizas. Pero no dijo una palabra, sino dos. Roncas y secas. «**En marcha.**» Y sin una protesta ni un mal gesto, disciplinados detrás de su jefe, noventa y siete hombres montaron a caballo y siguieron despacio su camino.

Caupolicán, Rubén Darío[16]

Es algo formidable que vio la vieja raza:
robusto tronco de árbol al hombro de un campeón
salvaje y aguerrido, cuya fornida maza
blandiera el brazo de Hércules, o el brazo de Sansón.

Por casco sus cabellos, su pecho por coraza,
pudiera tal guerrero, de Arauco en la región,
lancero de los bosques, Nemrod que todo caza,
desjarretar un toro, o estrangular un león.

Anduvo, anduvo, anduvo. Le vio la luz del día,
le vio la tarde pálida, le vio la noche fría,
y siempre el tronco de árbol a cuestas del titán.

«¡El Toqui, el Toqui!» clama la conmovida casta.
Anduvo, anduvo, anduvo. La aurora dijo: «Basta»,
e irguióse la alta frente del gran Caupolicán.

---

[16] A la vez que lee el poema, puede escucharlo en
https://www.gavilan.edu/academic/spanish/gaspar/html/4_04.html.

BIBLIOGRAFÍA

Anónimo (1891). *Le roman d'Énéas*. Salverda de Grave, J. J. (ed.).
https://archive.org/details/eneastextecritiq00enuoft/page/n7/mode/2up?view=theater

Anónimo (1990). *La Chanson de Roland*. I. Short (ed.). Le livre de poche.

Anónimo (2011). *Cantar del Mío Cid*. Montaner Frutos, A. (ed.), Rico, F. (estudio). Madrid-Barcelona: Real Academia Española-Galaxia Gutenberg.

Anónimo (s. f.). *El cantar de Roldán*. Ciudad Seva.
https://ciudadseva.com/texto/el-cantar-de-roldan/

Atwood, M. (2018). *The Penelopiad*. Canongate Press Ltd.

Atwood, M. (2020). *Penélope y las doce criadas*. Salamandra Narrativa.

Byron, G. G. (2009). *Don Juan* [ed. bilingüe]. Cátedra.

Darío, R. (1888). *Caupolicán*.
https://www.gavilan.edu/academic/spanish/gaspar/html/4_04.html

De la Vega, Garcilaso (s. f.). *Coplas*. Fundación Garcilaso de la Vega.
https://fundaciongarcilasodelavega.com/garcilaso-de-la-vega/obra/coplas/

De Ojeda, D. (1851). *La Cristiada*. Biblioteca virtual Miguel de Cervantes.
https://www.cervantesvirtual.com/obra/la-cristiada/

De Vega Carpio, Lope (2010). *La Gatomaquia*. Biblioteca virtual universal.
https://biblioteca.org.ar/libros/157392.pdf

Ercilla, Alonso de (1910). *La Araucana*. Biblioteca virtual Miguel de Cervantes.
https://www.cervantesvirtual.com/obra-visor/la-araucana--1/html/014721b2-82b2-11df-acc7-002185ce6064.html

Espronceda, J. de (s. f.). *El Pelayo*. Biblioteca virtual Miguel de Cervantes.
https://www.cervantesvirtual.com/obra-visor/el-pelayo-fragmentos--0/html/dca7e02c-2dc6-11e2-b417-000475f5bda5_2.html#I_2_

Giraudoux, J. (s. f.). *La guerre de Troie n'aura pas lieu*. La Bibliothèque électronique du Québec Collection *Classiques du 20ᵉ siècle*.
http://beq.ebooksgratuits.com/classiques-xpdf/Giraudoux_La_guerre_de_Troie_naura_pas_lieu.pdf

Graves, R. (1983). *La hija de Homero*. Edhasa.

Graves, R. (2019). *Homer's Daughter*. Seven Stories Press, U.S.

Highet, G. (1978). *La tradición clásica: influencias griegas y romanas en la literatura occidental*. Fondo de Cultura Económica de México.

Homero (2019). *La Odisea*. J. M. Pabón (trad.). Editorial Gredos.

Homero (2019). *La Ilíada*. E. Crespo Güemes (trad.). Editorial Gredos.

Le Guin, Ursula K. (2009). *Lavinia. A novel*. Mariner.

Le Guin, Ursula K. (2009). *Lavinia*. Planeta-Minotauro.

Machado, M. (1902). «Castilla», *Alma*. Cátedra.

Milton, J. (1674). *Paradise Lost*.
https://en.wikisource.org/wiki/Paradise_Lost_(1674)

Milton, J. (2003). *El paraíso perdido*. Biblioteca virtual universal.
https://biblioteca.org.ar/libros/656292.pdf

Pope, A. (1851). *El Rizo Robado*. G. Afonso (trad.). Biblioteca virtual del Patrimonio Bibliográfico.
https://bvpb.mcu.es/es/consulta/registro.do?id=447818

Pope, A. (2020). *The Rape of the Lock, and Other Poems*. Project Gutenberg.
https://www.gutenberg.org/cache/epub/9800/pg9800-images.html

Quevedo, F. de (s. f.). *Soneto CDXXXVIII b*. Biblioteca virtual Miguel de Cervantes.
https://www.cervantesvirtual.com/obra-visor/sonetos-de-quevedo--0/
html/ffd3e310-82b1-11df-acc7-002185ce6064_4.html#PV_414_

Rodríguez Herrera, Gregorio (2008). *La tradición clásica en los poetas canarios del Grupo de los Noventa*. Aduana Vieja.

Romancero General o Colección de Romances anterior al siglo XVIII (1877). A. Durán (ed.). Rivadereyra.
https://bibliotecadigital.jcyl.es/es/consulta/registro.do?id=2272

Spenser, E. (1897). *The Faerie Queen*. En Wise, Thomas J. (ed.), *Spenser's Faerie queene*. https://archive.org/details/spensersfaeriequ01spenuoft

Spenser, E. (2015). *La reina de las hadas*. Vol. 1. Libros I y II. R. Mena Cuevas (trad. y ed.).
https://www.academia.edu/43479319/La_Reina_de_las_Hadas_Libros_I_
y_II?auto=download

Viana, Antonio de (1905). *Conquista de Tenerife, y aparición de la santa imagen de Candelaria: en verso suelto y octava rima*. Memoria Digital de Canarias. https://mdc.ulpgc.es/s/mdcte/item/252548

Virgilio (2019). *La Eneida*. J. de Echave-Sustaeta (trad.). Editorial Gredos

Walcott, D. (2005). *La Odisea* [ed. bilingüe]. Visor.

NC-T-17